Staats- und socialwissenschaftliche Forschungen

herausgegeben

von

Gustav Schmoller.

Siebzehnter Band. Drittes Heft.

(Der ganzen Reihe fünfundsiebzigstes Heft.)

A. Human: Der Deutsch-Russische Handels- und Schiffahrtsvertrag
vom 20. März 1894.

Leipzig,

Verlag von Duncker & Humblot.

1900.

Der Deutsch-Russische

Handels- und Schiffahrtsvertrag

vom 20. März 1894.

Von

Arthur Human.

Leipzig,

Verlag von Duncker & Humblot.

1900.

Pierer'sche Hofbuchdruckerei Stephan Geibel & Co. in Altenburg.

Meinen lieben Eltern.

Inhaltsverzeichnis.

Litteraturangabe.

1. Bulletin Russe de statistique financière.
2. Conrads Jahrbücher für Nationalökonomie etc.
3. Deutsches Handelsarchiv.
4. Deutsches Wochenblatt.
5. Handelskammerberichte.
6. Kowalewski, W. L., Die Produktivkräfte Rufslands.
7. Die „Nation“.
8. Reichstagsverhandlungen nebst Kommissionsberatungen über den deutsch-russischen Handelsvertrag.
9. Statistiken: a) deutsche des auswärtigen Handels,
    b) finnische,
    c) niederländische,
    d) russische.
10. Schmollers Jahrbuch für Gesetzgebung, Verwaltung und Volkswirtschaft.
11. Schönbergs Handbuch der politischen Ökonomie.
12. Schriften des Vereins für Socialpolitik.
13. Verhandlungen des 19. deutschen Handelstags.
14. Vertragstext nebst Denkschrift dazu.

Berichtigung.

S. 10 Z. 10 v. u. l. Inlandsernte (st. Inlandsrente).

Geschichte des Vertrags.

Im Jahre 1894 wurde dem Deutschen Reichstag von der deutschen Reichsregierung der Entwurf eines zwischen dem Reich und Rufsland abzuschliefsenden Handels- und Schiffahrtsvertrags vorgelegt.

Die Verhandlungen über diesen Vertrag fanden vom 26. Februar bis 16. März des Jahres 1894 statt. Man kam nach langen und heftigen Debatten zur Annahme des Vertrags, der nun die Handels- und Schiffahrtsbeziehungen zwischen dem Deutschen Reiche und Rufsland auf nahezu zehn Jahre, d. h. bis Ende 1903, festlegte.

Mit dem 1. Februar 1892 waren alle europäischen Handelsverträge abgelaufen, und es drohte bei den damals vorherrschenden schutzzöllnerischen Ansichten ein allgemeiner Zollkrieg.

Während nun die mit Österreich-Ungarn, Italien und Belgien geführten Verhandlungen Ende 1891 und die Verhandlungen mit der Schweiz Anfang 1892 zum Abschlufs von Handelsverträgen von zwölfjähriger Dauer führten, knüpfte man mit Rufsland auch Verhandlungen über einen Tarif-Meistbegünstigungsvertrag an, konnte aber zu keiner Einigung gelangen.

Dieser gewaltige Staat hatte während der letzten Jahrzehnte nicht mehr daran gedacht, ein ernsthaftes Abkommen mit irgend einem anderen Staate zur Regelung der gegenseitigen handelspolitischen Beziehungen zu treffen. Auch jetzt waren seine Zollsätze dermafsen hohe, dafs es für ihn ohne eine bedeutende Ermäfsigung derselben nicht möglich war, mit den übrigen Vertragsstaaten in gedeihliche Unterhandlungen einzutreten.

Im Laufe der achtziger Jahre hatte Rufsland seine Zölle fortwährend erhöht und endlich den stark schutzzöllnerischen Tarif vom 11./23. Juni 1891 aufgestellt. Nur mit Frankreich war im Jahre 1893 ein Handelsabkommen getroffen worden, das aber auf einer schutzzöllnerischen Basis beruhte. Die

gegenseitigen Zugeständnisse waren keine sehr weittragenden.
Es hatte Frankreich z. B. an Rufsland nur ein wichtiges
Zugeständnis, nämlich das auf Petroleum, gemacht.

Das Handelsabkommen mit Frankreich wurde nun von
Rufsland als sein Minimaltarif bezeichnet, während zu gleicher
Zeit ein Maximaltarif aufgestellt wurde, der auf alle Staaten
Anwendung finden sollte, die russische Erzeugnisse nicht günstig
behandelten. In der Hauptsache wurden in diesem Maximaltarif vom 1./12. Juni 1893 die Ganzfabrikate mit einem Zuschlag von 30 %, die Halbfabrikate mit einem solchen von
20 % belegt.

Auf Deutschland fand der Maximaltarif Anwendung.
Unsere Regierung antwortete prompt am 29. Juni 1893, indem sie auf die hauptsächlichsten russischen Ausfuhrartikel
50 % Zuschlag erhob und aufserdem Ursprungszeugnisse
forderte. Die Antwort Rufslands erfolgte am 30. Juli alten
Stils, indem die Abgaben deutscher Schiffe in russischen Häfen
von fünf Kopeken auf einen Rubel per Last erhöht und auf
alle Zölle noch 50 % Zuschlag erhoben wurde.

Ein derartiger Zollkrieg zwischen den beiden Nachbarreichen, die doch in vielfacher Beziehung aufeinander angewiesen sind, erzeugte bald unerträgliche Zustände. Rufsland
suchte zwar durch bedeutende Herabsetzungen seiner Eisenbahntarife einen Export seines Getreides zu ermöglichen und
durch Begünstigung einiger Staaten sich die nötigen Industrieartikel zu verschaffen, aber es nahm doch gerne die nur auf
kurze Zeit unterbrochenen Verhandlungen mit Deutschland
zur Regelung der gegenseitigen Handelsbeziehungen wieder auf.

Ein Blick auf die Ausfuhr und Einfuhr im reinen Warenverkehr [1] (also nach Ausscheidung des Edelmetallverkehrs aus
dem Specialhandel zwischen Deutschland und Rufsland) während der Jahre 1880—1893 zeigt uns, wie rege Handelsbeziehungen zwischen diesen beiden Staaten bestanden.

---

[1]   Ausfuhr nach Rufsland   Einfuhr aus Rufsland
      im reinen Warenverkehr in 1000 Mk.:

Jahr	Ausfuhr	Einfuhr
1880	213 330	335 733
1881	183 179	333 181
1882	192 654	390 708
1883	184 031	410 130
1884	161 476	413 510
1885	144 090	344 060
1886	137 587	264 184
1887	124 652	335 595
1888	140 359	369 046
1889	174 210	520 131
1890	183 719	522 799
1891	145 336	578 701
1892	129 778	381 741
1893	135 517	352 433

Die deutsche Ausfuhr nach Rufsland hatte im Jahre 1880
eine Höhe von 213,3 Mill. Mark erlangt, begann aber nun
in den Jahren 1881—1887 stetig zu sinken, um im Jahre
1887 einen Tiefpunkt von 124,7 Mill. Mk. zu erreichen. In
den nächsten Jahren belebte sich allerdings diese Ausfuhr
wieder infolge des höheren Rubelkurses, indes gab dieser Umstand zu neuen Zollerhöhungen Anlafs, welche einen weiteren
Rückschritt des deutschen Absatzes bewirkten. Während der
Jahre 1891—1893 fand dann wieder ein starkes Zurückgehen
der deutschen Ausfuhr nach Rufsland statt, als notwendige
Folge des russischen Zolltarifs von 1891 und des deutsch-
russischen Zollkriegs von 1893.

Die Einfuhr Deutschlands aus Rufsland blieb fortwährend
eine sehr starke. Nur im Jahre 1886 bemerken wir ein plötz-
liches bedeutendes Sinken derselben, um aber dann von 1887 ab
bis zum Jahre 1891 die beträchtliche Höhe von 578,7 Mill. Mk.
zu erreichen. Die Erhöhung des deutschen Kornzolls im Jahre
1887 von 3 auf 5 Mk. war also spurlos an Rufsland vorüber-
gegangen.

Sehr stark ging die russische Ausfuhr nach Deutschland
in den Jahren 1892 und 1893 zurück, zunächst die Folge der
Mifsernte, des Ausfuhrverbots und der Hungersnot in Rufsland im Jahre 1891 und dann der Cholera und weiterer Mifs-
ernten in vielen russischen Gouvernements im Jahre 1892, wodurch eine lähmende Wirkung auf Handel und Wandel stattfand. Im Jahre 1893 traf dann der deutsche Kampfkornzoll
von 7,50 Mk. die russische direkte Getreideausfuhr nach
Deutschland schwer.

Deutschlands Ausfuhr nach Rufsland besteht hauptsächlich in Industrieprodukten, während Rufsland hauptsächlich
Erzeugnisse seiner Land- und Forstwirtschaft nach Deutschland exportiert.

Noch mehr als Rufsland wurde jedenfalls Deutschland
durch den am 1. August 1893 zwischen den beiden Reichen
ausgebrochenen Zollkrieg geschädigt. Deutschland wurde jetzt
gezwungen, für viele seiner Industrieprodukte sich neue Absatz-
märkte zu suchen, während die landwirtschaftlichen Erzeugnisse Rufslands ja doch fast immer auf den Weltmarkt kommen
mufsten.

Die russischen Zollerhöhungen hatten eine zum Teil fast
vernichtende Wirkung auf die Ausfuhr zahlreicher Haupt-
industrieartikel nach Rufsland ausgeübt. Wenn wir die in
Tabelle I gegebenen Ausfuhrwerte bis zum 31. Juli 1893 und
vom 1. August bis Ende 1893 vergleichen, so erkennen wir
hauptsächlich die ungünstige Einwirkung des Zollkriegs auf
Eisen und Eisenwaren, auf Maschinen, Zink, Baumwolle, Wolle
und chemische Produkte. Allerdings macht sich bei anderen
Produkten, wie bei Roheisen, Kaolin, Feldspath, feuerfester

Thon, sowohl bei grünen und gesalzenen wie bei gekalkten
und trockenen Rindshäuten, sowie bei Büchern, Karten und
Musikalien fast gar keine Einwirkung des Zollkriegs bemerkbar. Bei einigen Waren, wie bei Superphosphat, Palmkernen
und Kopra, Getreide u. s. w. geschroten und bei Mühlsteinen
trat sogar eine wesentliche Steigerung der Ausfuhr nach Rußland nach dem 31. Juli 1893 ein.

Bei denjenigen Industrieartikeln, bei welchen sich ein bedeutendes Zurückgehen der Ausfuhr seit dem 1. August 1893
bemerkbar macht, ist allerdings noch folgendes in Betracht zu
ziehen.

Naturgemäß waren bei den sich mehrenden Anzeichen
des Ausbruchs eines Zollkriegs zwischen Deutschland und
Rußland die deutschen Exporteure bestrebt, vor Inkrafttreten
der fast verbotsartigen russischen Zölle, also vor dem 1. August
1893, noch möglichst viel nach Rußland zu exportieren, wie
die russischen Importeure auch noch ihren Bedarf möglichst
zu decken suchten. Ein großer Teil des voraussichtlichen
Jahresexports für 1893 hat deshalb wahrscheinlich schon vor
dem 1. August 1893 stattgefunden.

Die Überzeugung kann man aber doch aus einer Ver-
gleichung unserer Ausfuhrzahlen vor und nach dem 31. Juli
1893 gewinnen, daß bei längerer Dauer des deutsch-russischen
Zollkriegs unser Export nach Rußland auf das Empfindlichste
geschädigt worden wäre.

Stellt man die beiden Reiche, das industriegewaltige Deutschland und Rußland mit seinen mächtigen landwirtschaftlichen
Hülfsquellen einander gegenüber, so erscheint es eigentlich
natürlich, daß Rußland seine landwirtschaftlichen Erzeugnisse
gegen deutsche Fabrikate austauscht. Sehr wesentlich für
unsere ganze industrielle Entwicklung ist die Frage: Machen
die russischen Zölle einen lohnenden Absatz unserer Produkte
nach Osteuropa und Asien noch möglich?

Es wurde im Jahre 1892 die mißliche wirtschaftliche Lage
unserer Ostprovinzen sicherlich durch die verbotsartigen
russischen Zölle bedeutend erhöht. Stadtrat Teschendorff, der
Vertreter der Grenz- und Ostseeprovinzen im Zollbeirat (für
Abschließung des deutsch-russischen Handelsvertrags) betonte
gelegentlich der Verhandlungen des 19. deutschen Handels-
tages: „Die deutsche Industrie, Handel und Schiffahrt haben
sehr gelitten. Der einst so blühende Warenimport und Speditionshandel Königsbergs und Danzigs z. B. mit Rußland ist
nahezu vollständig zu Grunde gegangen durch die russischen
Eisenbahntarife und durch eine große Reihe von Verkehrs-
erschwernissen an der Grenze; auch die Etablierung von
Differentialzöllen zwischen See- und Landgrenzen hat bei den
davon betroffenen Warengattungen zu einem gleichen Resultate
geführt."

So bestand die Gefahr für uns, durch eine längere Dauer des deutsch-russischen Zollkriegs einen grofsen Teil der russischen Kundschaft an andere Länder zu verlieren, die dann bei einer eventuellen Besserung der beiderseitigen Handelsbeziehungen vielleicht nur schwer wieder zu erlangen war. Aufserdem mufste der Zollkrieg notwendigerweise aufreizend und verbitternd auf die Gemüter wirken und die schon gespannten politischen Beziehungen zwischen den beiden Nachbarreichen noch weiter verschlechtern. Aus vielen Anzeichen kann man schliefsen, dafs wir in den Jahren 1893/94 der Möglichkeit eines Krieges mit Rufsland nicht ferne standen.

Fürst Bismarck hat einmal die Behauptung aufgestellt, dafs die allgemeine und Handelspolitik durchaus nicht zusammenzugehen brauchten. Diese Worte sind bei Abschlufs der Handelsverträge oft wiederholt worden, um zu beweisen, dafs man sich politisch ganz gut mit einem Staate stehen könne, ohne aber zu viele handelspolitische Konzessionen zu machen. Fürst Bismarck that den erwähnten Ausspruch, als der Dreibund völlig sicher stand, und er nun glaubte, einige handelspolitische Konzessionen an Österreich-Ungarn verweigern zu können.

Die uneingeschränkte Wahrheit dieses Satzes wird man so wohl mit Recht anzweifeln können. Wir glauben, dafs durch den befriedigenden Abschlufs der Handelsvertragsverhandlungen mit Rufsland die drohende Kriegsgefahr zwar gewifs nicht allein, aber doch wesentlich mit beschworen worden ist.

Das Ende des deutsch-russischen Zollkriegs wurde auch wohl dadurch schneller herbeigeführt, dafs sich die auf das russisch-französische Handelsabkommen gesetzten Erwartungen nur sehr mäfsig erfüllten. Die beiden Länder hatten ihre hochschutzzöllnerischen Tarife nur wenig herabgesetzt und damit eine zufriedenstellende schnelle Entwicklung der gegenseitigen Handelsbeziehungen unmöglich gemacht. Die Behauptung, dafs vielleicht Rufsland durch den russisch-französischen Handelsbund den mitteleuropäischen hätte lahm legen wollen, erscheint so auch wenig gerechtfertigt. Es sollten jedenfalls nur erträgliche Handelsbeziehungen mit dem politisch befreundeten Staate geschaffen werden, wahrscheinlich mit der stillen Hoffnung Rufslands, die im eigenen Lande nicht hergestellten, aber doch unbedingt nötigen Industrieprodukte nunmehr aus Frankreich zu erhalten.

Wir sehen, dafs sowohl Deutschland wie Rufsland ein Interesse daran hatten, möglichst bald wieder einen erträglichen handelspolitischen modus vivendi herzustellen. Die beiden Regierungen traten in Unterhandlungen miteinander ein. Nach der Schilderung des Finanzministers Witte im

Russischen Reichsrat willigte die deutsche Regierung in die
Einberufung einer Konferenz, von der sie bis dahin nichts
wissen wollte. Finanzminister Witte sagt darüber: „Auf dieser
Konferenz brauchten wir blofs — und darin bestanden die Vorteile unserer Lage — die Anwendung des Konventionaltarifs
zu fordern, Deutschland dagegen mufste nicht nur die Beseitigung des Maximaltarifs, sondern auch einige Ermäfsigungen
des russischen Normaltarifs beanspruchen. Unter solchen Umständen konnte die deutsche Regierung selbstverständlich nicht
darauf rechnen, ihre ursprünglichen Wünsche befriedigt zu
sehen. So waren die Verhandlungen sehr schwierig; erst die
persönliche Einmischung des deutschen Kaisers führte die
Arbeiten der Konferenz zum Abschlufs."

Auf deutscher Seite wurden zu den Verhandlungen mit
Rufsland Sachverständige hinzugezogen, der sogenannte Zoll-
Beirat. Derselbe bestand aus drei Mitgliedern der Landwirtschaft, drei Vertretern des Handels und drei der Industrie.
Nach Angabe des Generalsekretärs Bueck auf der am 19. Februar 1894 abgehaltenen Versammlung der Delegierten des
Centralverbandes deutscher Industrieller wurde diesen Sachverständigen eine wesentliche Einwirkung bei den Verhandlungen eingeräumt. Bueck konnte allerdings die Thätigkeit
der Vertreter der Landwirtschaft nicht beurteilen, da ihm
darüber nichts bekannt geworden war. Es hätten aber die
Vertreter des Handels und besonders der Industrie eifrig ge-
arbeitet. Kommerzienrat Möller betonte, dafs es zweckmäfsiger
gewesen wäre, wenn diese Vertreter nicht nur die Vermittler
zwischen den Unterhändlern und der gegnerischen Partei gewesen wären, sondern wenn Einzelne direkt zu den Verhandlungen hinzugezogen worden wären.

Der ausgearbeitete Handels- und Schiffahrtsvertrag zwischen
dem Deutschen Reiche und Rufsland wurde dem Deutschen
Reichstag zur Genehmigung vorgelegt, und die Beratungen
fanden, wie schon oben gesagt, in der Zeit vom 26. Februar bis
16. März 1894 statt. Unterbrochen wurden die Beratungen
im Plenum durch Überweisung des Vertragstextes nach der
ersten Beratung an eine Kommission von 28 Mitgliedern, die
nach eingehender Prüfung den Vertrag mit 16 gegen 12
Stimmen guthiefs.

Gegner des Handelsvertrags mit Rufsland waren die
deutschen Agrarier; wohlwollend standen dem Vertrag gegenüber
die exportierenden Industriellen. Unsere Landwirtschaft fühlte
sich auf das ernsteste bedroht durch das Zugeständnis bedeutend herabgesetzter Getreidezölle an das landwirtschaftlich
so produktionsfähige Rufsland. Die Ermäfsigung der Getreidezölle war aber der springende Punkt des ganzen Handelsvertrags für Rufsland. Es war nicht im entferntesten an die
Wiederherstellung besserer Handelsbeziehungen mit Rufsland

zu denken, wenn nicht hauptsächlich der Getreidezoll auf
3,50 Mk., wie gegen die anderen Vertragsstaaten, herabgesetzt
wurde. Mit einem so mäfsigen Getreidezoll glaubten aber
unsere Agrarier unmöglich der landwirtschaftlichen Konkurrenz
Rufslands fernerhin gewachsen zu sein.

Wenn natürlich auch in industriellen Kreisen viele Wünsche
laut wurden, die bei der Abschliefsung des Handelsvertrags
mit Rufsland gar nicht oder nur zum Teil berücksichtigt werden
konnten, so versprach man sich doch durch einen festen Vertrag, der die Handelsbeziehungen auf zehn Jahre festlegte,
sehr heilsame Folgen für die Zukunft. Schlofs doch Rufsland
einen wirklich ernsten Handelsvertrag ab, in dem es eine
ganze Anzahl von Zollermäfsigungen und Bindungen gewährte.
Es sind in dem Vertrage von 218 Tarifpositionen des russischen
Tarifs von 1891, bei Mitberücksichtigung der Positionen der
Ausfuhrzölle, von 226 russischen Positionen, 76 teils ermäfsigt,
teils gebunden. Die Tarifbindung hat ja bekanntlich den
Hauptzweck, die vertragschliefsenden Staaten daran zu verhindern, in Gesetzen oder Meistbegünstigungsverträgen noch
willkürliche Tariferhöhungen eintreten zu lassen. Wir geniefsen
nach Artikel 6 des Vertrags alle Vorteile der Meistbegünstigung. Einigermafsen unsicher erschien der ungestörte Fort-
genufs der Frankreich gewährten Begünstigungen, da das
russisch-französische Abkommen nur auf einjährige Kündigung
geschlossen ist. Es wurden daher auch 19 der wichtigsten
dieser Positionen gebunden.

Während also die Industrie im allgemeinen mit den von
Rufsland erlangten Zugeständnissen sich zufrieden zeigte,
herrschte in landwirtschaftlichen Kreisen grofse Erbitterung
über die Herabsetzung der Getreidezölle und über die Bindung derselben auf zehn Jahre.

Die deutsche Landwirtschaft.

Ohne Zweifel befindet sich die deutsche Landwirtschaft schon seit einer Reihe von Jahren in einer mehr oder minder mifslichen Lage.

Bis zur Mitte der 70er Jahre waren die norddeutschen Agrarier die radikalsten Freihändler gewesen. Sie konnten ihr Getreide zu günstigen Preisen nach England exportieren und wünschten nun dagegen möglichst billige Industriewaren, hauptsächlich billige landwirtschaftliche Maschinen zu erhalten. Im Jahre 1875 trat der radikale Umschwung ein. Die Seefrachten waren enorm verbilligt worden, wodurch hauptsächlich die Vereinigten Staaten Nordamerikas zunächst in die Lage versetzt wurden, grofse Getreidemengen zu niedrigen Preisen auf den englischen Markt zu werfen. Deutschland hatte seine bevorzugte Stellung als Kornkammer Englands mehr und mehr verloren und fühlte sich bald sogar in seinen eigenen heimatlichen Absatzgebieten bedroht, zumal da noch als weitere Konkurrenten auf dem Getreidemarkt sich Indien, Australien, Rufsland, die Balkanstaaten und Argentinien hinzugesellten.

Aus den überzeugten Freihändlern wurden jetzt nicht minder überzeugte Schutzzöllner. Bekanntlich brauchte Fürst Bismarck das Schlagwort vom „Schutz der nationalen Arbeit", und es kam der schutzzöllnerische Tarif vom 15. Juli 1879 zustande. Allerdings betrug der Kornzoll nur 1 Mk.; man würde wohl damals die späteren Erhöhungen und die jetzige Höhe der Getreidezölle für unmöglich gehalten haben.

Von den so im Jahre 1879 aufgestellten Getreidezöllen erwartete man in der Folge eine hervorragende Wirkung.

Frh. v. d. Goltz sagt[1], es habe verhängnisvoll die falsche Beurteilung der zu erwartenden Konjunkturen gewirkt. Die exceptionellen Preise der 70er Jahre, speciell der Gründerjahre, hätten den Landwirt verleitet, die Reinertragsberechnung auf Preise zu stützen, welche nach der allgemeinen Weltlage

---

[1] Conrads Jahrbuch für Nationalökonomie, Band 63, S. 919.

auf die Dauer absolut unhaltbar waren. v. d. Goltz nennt die
Einführung der Getreidezölle im Jahre 1879 eine vorzeitige
und sagt, die agitatorischen Übertreibungen über die zu erwarten den Wirkungen hätten das Übel wesentlich verschärft,
weil sie den Landwirt noch zu einer Zeit in seiner Hoffnung
bestärkten, wo der Preisrückgang auf dem Weltmarkt schon
klar zeigte, was man von der Zukunft zu erwarten hatte.

Da die Landwirtschaft in eine immer ungünstigere Lage
kam, wurden die Getreidezölle 1885 auf 3 Mk. und 1887 auf
5 Mk. erhöht, den Handelsvertragsstaaten gegenüber im Jahre
1892 auf 3,50 Mk. ermäßigt, während Rußland gegenüber mit
dem 1. August 1893 ein Kampfzoll von 7,50 Mk. Platz griff.

Sollte man nun Rußland den Vertragszoll von 3,50 Mk.
gewähren, oder sollte man dieses Land weiter differenziell be-
handeln?

Die deutschen Agrarier erwarteten großes Unheil von der
Gleichstellung Rußlands mit den übrigen Vertragsstaaten.
Hauptsächlich glaubte man, daß die russische Konkurrenz
sehr verderbenbringend auf unsere Roggenpreise wirken müsse,
da der Roggen nicht in dem Sinne wie der Weizen ein Artikel
des Welthandels sei. Auf diese wichtige Frage näher einzu-
gehen wird sich uns später weitere Gelegenheit bieten.

Zunächst gilt es festzustellen, was überhaupt unter Artikeln
des Weltmarktes zu verstehen ist.

Artikel des Weltmarktes sind solche Artikel, die von den
über ihren eigenen Bedarf produzierenden Ländern inter-
national zum Verkaufe angeboten werden. Begünstigt wird dieses
Angebot dadurch, daß wir durch unsere, zu großer Voll-
kommenheit gelangten Verkehrsmittel in der Lage sind, diese
Produkte auf beliebige Entfernungen mit relativ geringem
Kostenaufwand versenden zu können. Dem Angebot der über
einen solchen Produktionsüberschuß verfügenden Länder
steht nun die Nachfrage der Länder gegenüber, die mehr
konsumieren als produzieren. Durch steigendes Angebot werden
die Preise solcher Weltmarktartikel bedeutend gedrückt. Es
tritt aber, im Gegensatze zu den entbehrlichen Waren, bei den
notwendigen Waren, wie Getreide, nicht schnell eine wesentlich vermehrte Nachfrage ein bei steigendem Angebot und
sinkenden Preisen, so daß dadurch die Preise wieder gehoben
würden, sondern die Nachfrage bleibt im allgemeinen dieselbe.
Infolgedessen haben die landwirtschaftlichen Produkte bei
steigender internationaler Konkurrenz, die Getreide immer
billiger bei guten Ernten anzubieten imstande ist, die Tendenz,
mehr und mehr im Preise zu fallen. Das Verhältnis von Angebot und Nachfrage bestimmt aber nicht allein den Preis,
sondern die allgemeine Preisentwickelung hängt noch ab von
den Beschaffungskosten für Getreide aus den entferntesten
Gegenden, die für den Weltmarkt noch liefern müssen.

Das Land, welches über keinen Zollschutz verfügt, wird sein Getreide zu den Weltmarktpreisen verkaufen müssen.

Unsere Agrarier erklären nun mit Recht, daſs die Produktionsbedingungen in andern Ländern soviel günstigere seien, daſs es für unsere Landwirtschaft unmöglich sei, ohne Zollschutz weiter existieren zu können.

Die vielumstrittenen Punkte sind aber:

1) Wie gestaltet sich die Einwirkung des Zolls auf die Preise? und

2) Was ist also die richtige Höhe des Getreidezolls?

Ceteris paribus müſste ja wohl der Inlandspreis gleich dem Weltmarktpreis plus Transportkosten plus Schutzzoll sein. Daſs dieser Fall nur selten eintritt, wird durch die Verschiedenheit der Ernten im Inland und Ausland bewirkt. Es können infolge dieses Umstandes die Getreidepreise bald sehr hohe, bald sehr niedrige sein. Es waren z. B. 1890/91 die Getreidepreise infolge geringer Inlandsernte so hoch gestiegen, daſs selbst von den Agrariern eine zeitweilig vollständige Aufhebung der Getreidezölle vorgeschlagen wurde. In Frankreich suspendierte man damals die Getreidezölle auf ein Jahr.

Freiherr von Marschall sagte in seiner Rede am 26. Februar 1894 im deutschen Reichstag: „Eine fünfzehnjährige Erfahrung lehrt, daſs der Getreidezoll die intensivste Wirkung auf den Inlandspreis des Getreides übt, wenn die Nachfrage sehr stark, das Angebot gering ist, die Preise also im Steigen begriffen sind; und daſs da des Guten leicht zuviel geschieht, haben wir 1891 gesehen. Umgekehrt schwächt selbst ein hoher Getreidezoll in dem Maſse seine Wirkung ab, als infolge überwiegenden Angebots die Preise sinken; der Getreidezoll äuſsert also dann seine Wirkung am wenigsten, wenn er am notwendigsten ist."

Mit andern Worten ging also die Ansicht unseres damaligen Staatssekretärs des Auswärtigen Amtes dahin, daſs der Getreidezoll am meisten zur Geltung komme, wenn wir infolge geringer Inlandsernte auf das ausländische Getreide angewiesen sind, daſs dagegen selbst ein hoher Getreidezoll nicht besonders preissteigernd wirke, wenn wir eine ausgezeichnete Inlandsrente und dadurch niedrige Getreidepreise haben.

Die Wahrheit dieser Behauptung bewiesen die Jahre 1891 und 1892. Im Jahre 1891 hatten wir eine sehr schlechte Ernte; dadurch stieg die Einfuhr enorm und die Preise wurden doch immer höhere. Es betrug vom 1. Juli 1890 bis 30. Juni 1892 die Einfuhr bei Roggen 13 %, bei Weizen 30 %. Ein vollständig entgegengesetztes Bild bot das Jahr 1892. Infolge der auſserordentlich reichen Ernte fiel die ausländische Roggeneinfuhr auf 2 %, die Weizeneinfuhr auf 18 %, aber es fielen auch die Getreidepreise mehr und mehr.

Es war für die Landwirtschaft zwar der Idealzustand, das
für den deutschen Bedarf nötige Getreide möglichst im Inlande zu bauen, wenigstens für den Roggen nahezu erreicht,
aber es waren zugleich die Preise dermaſsen gefallen, daſs ein
gewinnbringender Verkauf des Roggens für die Landwirte
nicht gut möglich war.

Die Behauptung des Fürsten Bismarck und auch der
agrarischen Partei, daſs der Getreidezoll allgemein vom Auslande getragen werde, läſst sich nur dann halten, wenn wir eine
gute Ernte haben und das Ausland doch vielleicht aus wirtschaftlichen Gründen an Deutschland verkaufen muſs. Dann
muſs das betreffende Land seinen Getreidepreis um die Höhe
unseres Zolls erniedrigen. Tritt aber der Fall ein, daſs wir
eine schlechte Ernte haben, also im Ausland kaufen müssen,
dann müssen wir uns den ausländischen Preisen anpassen.
Das von uns eingeführte Getreide muſs dann den Zoll ganz
tragen oder wenigstens nahezu ganz.

Bei solchen Erfahrungen erscheint es also theoretisch
zweckmäſsig, für die Jahre ungenügender deutscher Ernten
einen niedrigen oder überhaupt keinen, dagegen in Jahren
ausgezeichneter deutscher Ernten einen fast prohibitiven Getreidezoll zu haben. Durch den niedrigen oder aufgehobenen
Getreidezoll soll verhindert werden, daſs die Getreide- und
Brotpreise zu hoch steigen; durch einen möglichst hohen Getreidezoll soll die Konkurrenz des ausländischen Getreides
möglichst dann abgehalten werden, wenn bei uns schon eine
überreichliche Produktion vorhanden ist. Derjenige Getreidezoll dürfte wohl der richtige sein, der zu Zeiten einer mittel-
guten Ernte unter vollkommener Berücksichtigung der ver-
schiedenartigen Produktionsbedingungen angemessene Getreidepreise sowohl für Produzenten, wie für Konsumenten schafft.
Die Landwirtschaft soll noch einen lohnenden Gewinn aus dem
Verkauf ihrer Produkte erzielen, während den Konsumenten
die notwendigsten Lebensmittel nicht unnötig verteuert werden
sollen. Natürlich ist die Schwierigkeit groſs, einen Getreidezoll zu schaffen, der diese Bedingungen in normalen Jahren
erfüllt.

Es wäre vielleicht für die einzelnen Getreidegattungen
ein Normalpreis zu schaffen.

„Setzen wir den Fall,“ so schreibt das deutsche Wochenblatt[1], „der Normalpreis für Roggen würde auf 150 Mk. festgesetzt, so würde der zur Erhebung gelangende Zoll sich auf
10 Mk. ermäſsigen, wenn der Auslandspreis sich zur Zeit der
Einfuhr auf 140 Mk. stellt, aber andererseits sich auf 60 Mk.
erhöhen bei einem Auslandspreis von nur 90 Mk.“

---

[1] Deutsches Wochenblatt, den 15. Juli 1897.

Mit diesem System wäre also eine Bindung der Getreidezölle ausgeschlossen.

Von vielen Seiten wird es jetzt auch ausgesprochen, dafs
bei der Abschliefsung der Handelsverträge fehlerhafterweise
die Getreidezölle gebunden worden seien.

Nachdem wir gesehen haben, dafs die Einwirkung des
Zolls auf unsere Getreidepreise eine sehr verschiedenartige
sein kann, je nach der Güte der In- und Auslandsernten und
nach der Gestaltung der Weltmarktpreise, so müfste rein theoretisch betrachtet auch die Höhe des Zollschutzes den wech-
selnden Umständen angemessen eine verschiedene sein.

Als wesentlicher Faktor kann aber hier noch die Frage
der minderwertigen Valuten hinzukommen, die für manche
Länder, wie z. B. Rufsland und Argentinien, stark als Exportprämie wirken können. Auf diese wichtige Frage werden wir
später [1] näher eingehen.

Sehen wir nun zu, wie sich diese allgemeinen Betrachtungen auf den deutsch-russischen Handelsvertrag anwenden
lassen.

Die von der deutschen Reichsregierung zum deutsch-russischen Handels- und Schiffahrtsvertrag ausgearbeitete Denkschrift stellt folgende Betrachtung über den Getreidezoll an:

„Rufsland ist hinsichtlich seiner Getreideausfuhr auf die
Zollsätze des autonomen deutschen Tarifs angewiesen, aber das
Fernhalten des russischen Getreides bringt Deutschland keinen
Vorteil. Es ist die russische Getreideausfuhr bezüglich der
von ihr zu erzielenden Preise lediglich von der jeweiligen Lage
des Weltmarktes und der Preisbildung für die Welthandels-
artikel der Getreidebörse abhängig, einschliefslich des Roggens.
So vermag Rufsland sein Getreide im Auslande, also auch
in Deutschland, nur zu den Weltmarktpreisen zu verkaufen.
1893 hatte man in Rufsland eine gute Ernte. Es konnte aber
das russische Getreide infolge des deutsch-russischen Zollkriegs
nicht in seinem hauptsächlichsten Absatzgebiete Deutschland
verkauft werden. So erlangte dasselbe eine gewisse Minder-
wertigkeit auf dem Weltmarkte, und darin ist eine der Ursachen zu erblicken für den Preisrückgang der Brotfrüchte,
welcher gegenwärtig die Landwirtschaft aller Getreidepro-
duktionsländer bedrückt. An Stelle des russischen Getreides
tritt bei fortgesetzt differenzieller Behandlung desselben seitens
Deutschlands amerikanisches, rumänisches und anderes meist-
begünstigtes Getreide zu den Weltmarktpreisen, die durch das
anderweit Absatz suchende russische Getreide fortgesetzt be-
einflufst werden. Es kann also der deutsche Vertragstarif vom
3,50 Mk. ohne Bedenken auch Rufsland eingeräumt werden.“

---

[1] S. Russische Valutaschwankungen.

Zweifellos richtig hat wohl die deutsche Denkschrift folgende Punkte hervorgehoben:

1) Rufsland kann sein Getreide nur zu den Weltmarktpreisen verkaufen.

2) Deutschland ist das hauptsächlichste Absatzgebiet für russisches Getreide.

3) Deutschland wird bei Ausschlufs des russischen Getreides von den übrigen meistbegünstigten Ländern mit Getreide zu den Weltmarktpreisen versorgt.

Die eigentliche Entscheidung über die Höhe der deutschen Getreidezölle war schon durch die Handelsverträge mit Osterreich-Ungarn, Italien, Belgien u. s. w. gefallen. Diesen Staaten war ein Vertragszoll von 3,50 Mk. gewährt worden. Es wurde nun noch hauptsächlich den Vereinigten Staaten von Nordamerika das Recht der Meistbegünstigung zugestanden, ein Recht, das Frankreich infolge des § 11 des Frankfurter Friedens auf ewige Zeiten schon geniefst[1]; es haben also auch diese Staaten nur den Getreidezoll von 3,50 Mk. zu zahlen. All diese Staaten sind also bei guten Ernten in der Lage, Deutschland in reichstem Mafse mit Getreide zu versorgen, so dafs der Ausschlufs Rufslands wohl nur die Folge gehabt haben würde, dafs überhaupt kein Handelsvertrag mit diesem Staate zustande gekommen wäre, wodurch der Landwirtschaft k e i n Vorteil, aber der Industrie schwerer Schaden zugefügt worden wäre.

Allerdings erschien ja die Frage einigermafsen zweifelhaft, ob Roggen wirklich ein Artikel des Welthandels sei, oder ob nicht vielmehr Rufsland unser Hauptversorger mit Roggen sei und durch seine niedrigen Preise oft selbst einen geringen Gewinn für unsere Landwirtschaft unmöglich mache.

Auf Seiten der agrarischen Bevölkerung hielt man den Roggen nicht für einen Artikel des Weltmarktes, während Reichskanzler v. Caprivi sagte[2], aus der Statistik des statistischen Amtes und Conrads Jahrbuch für Nationalökonomie sei ersichtlich, dafs der Roggen aus allen Teilen der Welt kommt, dafs 1892 die amerikanische Roggenausfuhr die russische überschritten hat und dafs die rumänische Roggeneinfuhr steigt. Es sei zwar der Roggen nicht in demselben Umfange wie der Weizen ein Artikel des Weltmarktes, weil überhaupt weniger Roggen in der Welt gebraucht und gebaut wird, aber es folge der Roggen denselben Gesetzen auf dem Weltmarkt wie der Weizen.

Dagegen hatte Graf v. Mirbach[3] die Behauptung aufgestellt: „Verschwände Rufsland von der Bildfläche, so würden

---

[1] Auch die Niederlande, Serbien und Rumänien geniefsen Meistbegünstigung.

[2] 58. Sitzung des Deutschen Reichstags am 27. Februar 1894.

[3] 57. Sitzung des Deutschen Reichstags am 26. Februar 1894.

wir unsern Roggen von wo anders beziehen können. Aber
von sehr viel weiter und sehr viel teurer! Es würde dadurch
der schärfste Faktor des Preisdrucks eliminiert werden. Es
kann gar nicht bestritten werden, dafs gerade die Konkurrenz
des russischen Roggens entscheidend ist."

Abgeordneter v. Staudy[1] bestritt ganz entschieden, dafs
der Roggen ein Artikel des Weltmarktes sei. Er gestand aber
zu, dafs seine Parteigenossen, nachdem schon so viele Länder
den Konventionaltarif von 3,50 Mk. genössen, nie daran gedacht hätten, dafs ein Kampfzoll von 7,50 Mk. gegen Rufsland noch den Preis des Getreides erhöhen könne.

Der erste Teil der Behauptung des Grafen v. Mirbach,
dafs wir bei Ausschlufs des russischen Roggens unseren Bedarf
von anders beziehen könnten, war in Erfüllung gegangen, aber
nicht der zweite Teil, dafs der Roggen dadurch sehr viel
teurer werden würde. Es waren schon seit drei Jahren Bulgarien, Rumänien, Frankreich, die Vereinigten Staaten Amerikas
und andere als deutsche Roggenlieferanten aufgetreten, die
ihren Bedarf nun zum Teil wieder durch russischen Roggen
ersetzten. Aber die Preise waren beständig zurückgegangen.
Sie standen allerdings im Jahre 1891 infolge der mäfsigen
Ernte sehr hoch, gingen aber trotz des russischen Getreide-
ausfuhrverbots im Jahre 1892 sehr zurück. Auch im Jahre
1893 fand wiederum ein bedeutender Preisrückgang trotz des
mit Rufsland ausgebrochenen Zollkriegs statt.

Die Roggenpreise waren folgende für die Tonne: im
Jahre 1891 240 Mk. im höchsten Moment, am 25. Januar 1892
215 Mk., am 25. April 194,50 Mk., am 25. Juli 177 Mk., am
23. Oktober 139 Mk., am 24. Dezember 135 Mk.

So fand also ein ungeheurer Preissturz statt gerade in
dem Jahre, in welchem uns die russische Zufuhr durch das
Getreideausfuhrverbot vollständig verschlossen war.

Im Juli 1893[2]), also vor Ausbruch des Zollkriegs mit
Rufsland, notierte man für Lieferungsqualität an der Berliner
Börse 142,5—146,5 Mk., im August, also nach Beginn des
Zollkriegs, 146,5 — 127 Mk. In den vier folgenden Monaten
fand eine Bewegung zwischen 123 und 130 Mk. statt.

Es hatte also der Ausschlufs Rufslands von der Roggen-
lieferung und die Verschiebung der Bezugswege den Preisfall
des Roggens in den Jahren 1892 und 1893 nicht im geringsten
aufzuhalten vermocht. Wir hatten allerdings 1892 und noch
mehr 1893 ausgezeichnete Roggenernten[3], und durch das

---

[1] 70. Sitzung des Deutschen Reichstags am 13. März 1894.
[2] S. Zeitschrift „Nation" v. 10. Februar 1894.
[3] Nach Schätzung des Müllers Meier in Hameln in Deutschland
1891: 4 782 000 t, 1892: 6 827 000 t, 1893: 8 500 000 t. Das statistische
Jahrbuch für das Deutsche Reich giebt hier folgende Zahlen: 1891:
4 782 804 t, 1892: 6 827 712 t und 1893: 7 460 383 t.

gewaltige Angebot wurden die Preise allenthalben gewaltig gedrückt. Wegen dieses Umstandes kann man allerdings die Behauptung aufstellen, daſs die Preisverhältnisse für Roggen in den Jahren 1892 und 1893 weder als Beweis für noch gegen die Eigenschaft des Roggens als Artikel des Welthandels benutzt werden können.

Über diesen Tiefstand der Roggenpreise äuſserte sich der Referent Dr. v. Frege in den Kommissionsberatungen folgendermaſsen. Es sei auf das Argument der Freihandelspresse: „trotz der Kampfzölle und des dadurch bewirkten Abschlusses des russischen Getreides vom deutschen Markt sei der gegenwärtige Roggenpreis niedriger als der vorjährige," folgendes zu erwidern: „Das ist die Folge der diesjährigen guten Getreideernte Deutschlands; diese überstieg den zehnjährigen Durchschnitt um 15 %. Niemand verlangt, daſs auch bei reichhaltigster Inlandsernte hohe Preise uns garantiert bleiben; die gröſsere Erntemenge giebt dann den Ausgleich für den billigeren Preis. Aber der ‚billige‘ Inlandspreis soll nicht durch ausländische Konkurrenz zum ‚Schundpreise‘ herabgedrückt werden, der auch beim höchsten Ernteertrage keine Rente mehr zuläſst."

Als sicher betrachtet dann Dr. v. Frege, daſs mit Wegfall des Kampfzolls von 750 Mk. pro Waggon und Ermäſsigung auf 350 Mk. ein ähnlicher Sturz der Roggenpreise wie zu Anfang der achtziger Jahre vor Einführung des Fünfmarkzolles stattfinden werde.

Eine eingehende Untersuchung[1] darüber, ob der Roggen als ein Artikel des Welthandels anzusehen ist oder nicht, dürfte wohl zu keinem durchaus sicheren Resultate führen. Wir glauben, daſs Roggen denselben Gesetzen der Preisbildung unterliegt wie Weizen. Man kann annehmen, daſs auf der Welt etwa 150 Millionen Menschen von Roggen leben, während sich etwa 300 Millionen von Weizen nähren. So konnte Reichskanzler v. Caprivi mit Recht sagen, daſs Roggen nicht in demselben Umfange wie Weizen ein Artikel des Weltmarktes sei, weil überhaupt weniger Roggen in der Welt gebraucht und gebaut wird als Weizen. Aber es sind jetzt schon eine ganze Reihe von Staaten, wie hauptsächlich die Vereinigten Staaten von Amerika, Bulgarien und Rumänien, imstande, groſse Mengen von Roggen auf den Weltmarkt zu werfen.

Im Jahre 1892 erhielt Deutschland nur 22,5 % seiner Roggeneinfuhr aus Ruſsland, die Vereinigten Staaten von

---

[1] Darunter fiele vielleicht die Aufstellung einer möglichst genauen Produktionsstatistik, Bedarf und Versorgung der einzelnen Länder untereinander mit Roggen, sowie eine daran sich anschlieſsende Preisstatistik des Roggens.

Amerika lieferten damals 24,8 %. 1893 betrug die russische
Roggeneinfuhr 44,1 %, und nach Abschluſs des Handelsvertrags
tritt nun eine bedeutende Steigerung der russischen Roggeneinfuhr ein. Es war nämlich dieselbe:

$$1894 = 81,9 \%,$$
$$1895 = 87,6 \%,$$
$$1896 = 76,5 \%,$$
$$1897 = 71,3 \%,$$
$$1898 = 66,9 \%$$

unserer Gesamtroggeneinfuhr.

In den Jahren 1895 und 1896 beteiligte sich Rumänien
stark an der Roggeneinfuhr nach Deutschland; 1897 und 1898
trat aber Rumänien wieder zurück. Dagegen stieg die amerikanische Roggeneinfuhr seit 1896 bedeutend. Sie betrug 1897
16,7 % und 1898 27,1 % der Gesamteinfuhr an Roggen.

Wäre Ruſsland von der Roggeneinfuhr nach Deutschland
ausgeschlossen worden, so wären an Stelle Ruſslands eine
Reihe anderer Staaten als Roggenlieferanten für Deutschland
aufgetreten, die dann nötigenfalls ihren eigenen Bedarf mit
russischem Roggen gedeckt hätten.

Die Preisgestaltung hätte gröſstenteils, ebenso wie jetzt,
von der Güte der internationalen Ernte abgehangen.

Schon zur Zeit des Abschlusses der Handelsverträge mit
Österreich-Ungarn, Italien und Belgien war man sich allgemein
darüber klar, daſs unsere unter ungünstigeren Bedingungen
als viele andere Staaten produzierende Landwirtschaft durch
einen angemessenen Schutzzoll wirksam unterstützt werden
müsse. Von den Agrariern wurde der Getreidezoll nicht als
Bereicherungs-, sondern als Erhaltungszoll[1] vertreten, nicht
so sehr im Interesse des Grundbesitzes als im nationalen
Interesse, da die gesamte Nation wirtschaftlich und politisch
an der Erhaltung einer gesunden und blühenden Landwirtschaft interessiert sei.

Sicherlich wurde dieser Standpunkt auch von unserer
Regierung geteilt. So sagte Frh. v. Marschall später selbst
einmal[2]: „Ich bin der Ansicht, daſs eine kaufkräftige und
wohlhabende Landwirtschaft eine der wichtigsten Grundlagen,
vielleicht die wichtigste des wirtschaftlichen Gedeihens eines
Staates ist."

Nur über die Höhe des Zollschutzes und dessen Wirksam-
keit gingen die Ansichten weit auseinander.

Man darf wohl den deutsch-russischen Handelsvertrag als
eine Konsequenz der von Deutschland in den Jahren 1891
und 1892 abgeschlossenen Handelsverträge bezeichnen.

---

[1] Deutsches Wochenblatt am 17. Dezember 1891.
[2] Deutscher Reichstag am 15. Dezember 1893.

Warum wurden aber überhaupt letztere Verträge abgeschlossen, und warum wurde durch dieselben vertragsmäfsig
der Getreidezoll von 5 Mk. auf 3,50 Mk. reduziert?

Zur Beantwortung dieser Frage müssen wir einen Blick
auf unsere handelspolitische Entwicklung während der 80er
Jahre werfen.

Es hatte sich in der zweiten Hälfte der 70er Jahre die
Umkehr von den freihändlerischen zu mehr und mehr schutzzöllnerischen Ansichten vollzogen.   Deutschland stellte am
15. Juli 1879 seinen schutzzöllnerischen Tarif auf.   Während
nun die meisten Staaten Tarifverträge untereinander ab-
schlossen, wahrten wir uns unsere Zollautonomie und schlossen
nur wenige Handelsverträge mit Italien, Spanien, Griechen-
land und der Schweiz.   Sonst sicherten wir uns allenthalben
die Meistbegünstigung für unseren Export.

Das war gewifs ein idealer Zustand!   Nach Belieben
konnte Deutschland seine Schutzzölle erhöhen, was es auch
kräftig 1885 und 1887 that, und genofs dagegen infolge der
Meistbegünstigungsklauseln die niedrigsten vertragsmäfsigen
Zölle der übrigen Länder.

Am 1. Februar 1892 liefen sämtliche Handelsverträge ab.
Unsere Meistbegünstigungsverträge verloren damit allen Wert;
unser Export wurde von jetzt ab dem Gutdünken der Gesetzgebung der anderen Staaten anheimgegeben.   Deutschland
konnte jetzt nicht mehr „an fremden Tischen mitessen"; es
mufste jetzt selbst Tarifverträge abschliefsen und als Gegen-
leistung für erhaltene Tarifermäfsigungen auch wieder Konzessionen machen.   Damit begann die scharfe Fehde zwischen
unseren Freihändlern, die sich hauptsächlich aus den am Export stark beteiligten Handelskreisen zusammensetzten, und
unseren Schutzzöllnern, den Agrariern.

Letztere wollten unter allen Umständen ihren Getreidezoll
von 5 Mk. von 1887 wahren, während die für die Handelsverträge zunächst in Betracht kommenden Staaten Österreich-
Ungarn, Italien und Belgien vor allem eine Herabsetzung des
Weizen- und Roggenzolls auf 3,50 Mk. verlangten.

Graf Kanitz kennzeichnete nach Abschlufs der Verträge
den Standpunkt vieler Schutzzöllner mit den Worten: „Für
mich war die Erhaltung der Getreidezölle auf 5 Mk. der ent-
scheidende Punkt, namentlich deshalb, weil dann überhaupt
kein Tarifvertrag zu stande gekommen wäre."

Deutschland mufste aber unter allen Umständen Handelsverträge im Interesse seiner Industrie abschliefsen.

Dieser Gesichtspunkt wurde in der Denkschrift zu den
Handelsverträgen mit Österreich-Ungarn, Italien und Belgien
durch folgende Betrachtung vertreten.

„Deutschland ist darauf angewiesen, seinen Überflufs an
Fabrikaten an das Ausland abzusetzen.   Die Einfuhr von

Rohstoffen hatte im Durchschnitt der Jahre 1880—1890 einen
Wert von 2206 Mill. Mk. und nach Abzug der Ausfuhr von
Rohstoffen einen solchen von 1357 Mill. Mk., 1889 dagegen
bereits einen Wert von 2818 bezw. 2033 Mill. Mk. und 1890
2966 bezw. 2120 Mill. Mk.

Mit diesem starken Wachsen der Einfuhr von Rohstoffen
hatte die Ausfuhr von Fabrikaten nicht gleichen Schritt gehalten.
Im Durchschnitt 1880—1890 hatte die Ausfuhr einen Wert von
2260 Mill. Mk. und nach Abzug der Einfuhr von Fabrikaten
einen solchen von 1211 Mill. Mk., 1889 2382 Mill. Mk. bewz.
1185 Mill. Mk., 1890 2482 Mill. Mk. bezw. 1286 Mill. Mk.

Aus diesen Zahlen ist ersichtlich, welche Menge von
Arbeit sich in der deutschen Ausfuhr verkörperte, und wie
sehr die arbeitenden Klassen an dem Export interessiert waren."

Es betrugen die Gesamtziffern der deutschen Ausfuhr:

> 1887 . . 3190 Mill. Mk.,
> 1888 . . 3352 - -
> 1889 . . 3256 - -
> 1890 . . 3499 - -

Diese Zahlen zeigen, daſs die heimische Konsumfähigkeit
durchaus nicht genügte, im Gegenteil Deutschland alles auf-
bieten muſste, um sich die Fortdauer eines uneingeschränkten
Exports zu sichern. Am sichersten war dieses Ziel dadurch
zu erreichen, daſs man Handelsverträge mit günstigen tarifa-
rischen Abmachungen abschloſs.

Die Agrarier hielten fest an dem Grundgedanken der
Politik des Fürsten Bismarck, an dem „Schutze der nationalen
Arbeit". Aber zu Gunsten des Schutzes der nationalen Arbeit
durften wir nicht die Zukunft unseres Exports ernstlich ge-
fährnen. „Die deutsche Ausfuhr, welche 3 Milliarden Mark
darstellt, ist auch ein Teil der nationalen Arbeit, auch sie hat
Anspruch auf Schutz", sagte Frhr. v. Marschall wohl mit Recht.

Besonders ungünstig gestaltete sich die Position für die
Landwirtschaft noch dadurch, daſs, wie wir schon erwähnt
haben, die Preise der landwirtschaftlichen Produkte 1890/91
immer höher stiegen. So hielt man einen Getreidezoll von
3,50 Mk. für vollkommen ausreichend. Der noch 1891 be-
stehende Schutzzoll von 5 Mk. war ja entschieden für dieses
Jahr viel zu hoch. Wegen der allenthalben schlechten Ernten
wäre man damals ohne jeden Zollschutz ausgekommen.

Wie wir oben geschildert haben, folgten die guten Ernten
von 1892 und 1893, und die Preise sanken mehr und mehr
trotz des Kampfzolles von 7,50 Mk. gegen Ruſsland.

Daraus ist der Sturm der Entrüstung leicht erklärlich,
der sich erhob, als man den vertragsmäſsigen Zoll von 3,50 Mk.
bei schon ohnehin so niedrigen Preisen auch noch dem landwirtschaftlich so starken Ruſsland gewähren wollte.

Ruſsland hatte seit Jahrzehnten keinen ernsten Handels-

vertrag mehr abgeschlossen und hätte es auch wahrscheinlich
jetzt am liebsten nicht gethan. Aber es hatte grofses Interesse
daran, seine landwirtschaftlichen Produkte nach seinem natürlichen Absatzgebiete, Deutschland, unter erträglichen Bedingungen exportieren zu können. Deutschland mufste wiederum
viel daran liegen, einen Teil des Überschusses seiner Industrieprodukte nach Rufsland absetzen zu können und sich so auch
einen Weg nach dem Innern Asiens zu eröffnen. Hatte man
doch in Rufsland mit der Verwirklichung des Projektes be-
gonnen, Petersburg durch eine Bahn mit dem Stillen Meere
zu verbinden. Von Petersburg bis Wladiwostock wird sich
die sibirische Bahn über 10 000 Kilometer erstrecken. Bis
1904 oder schon früher soll das Werk beendet sein. Mit dem
Fortschreiten des Baues ergab sich mehr und mehr die Möglichkeit für Deutschland, seine Industrieprodukte weiter und weiter
in das Innere Asiens zu versenden. Dazu war aber vor allem
eine bedeutende Ermäfsigung der jetzt fast prohibitiven russischen Zölle nötig.

Aufserdem mufste die deutsche Regierung grofses Interesse
daran haben, mit ihren östlichen Nachbarn wieder bessere
politische Beziehungen zu schaffen. Das gesättigte Deutschland konnte durch einen Krieg gegen Rufsland und damit
wohl auch gegen Frankreich unmöglich viel gewinnen aber
seine blühende Volkswirtschaft schwer schädigen.

Seinen Weizen konnte Rufsland im allgemeinen[1] nicht
billiger liefern als die anderen Getreide exportierenden Staaten.
Sie alle unterliegen den Preisen des Weltmarktes.

Auch bei Roggen lagen die Dinge nicht viel anders. Obgleich Rufsland 1892 und 1893 vom Roggenimport nach Deutschland ausgeschlossen war, sanken bei uns doch die Roggenpreise
fortwährend.

So lange wir russischen Weizen durch den Kampfzoll
ausschlossen, bestimmte dieser Weizen doch die Preise des
Weltmarktes mit, und wir mufsten das Getreide anderer meistbegünstigten Länder zu den Weltmarktpreisen kaufen.,

Aus dieser längeren Betrachtung wird klar, dafs der
Nutzen eines hohen Getreidezolls Rufsland gegenüber für
unsere Landwirtschaft jedenfalls nur ein sehr geringer oder
überhaupt nicht bemerkbarer gewesen sein würde, dafs dagegen das Interesse für den deutschen Handel und die deutsche
Industrie, sowie für unsere Politik ein hervorragendes war,
geregelte Handelsbeziehungen mit Rufsland zu unterhalten.
Zur Wiederherstellung solcher Beziehungen sollte die Annahme des von unserer Regierung ausgearbeiteten Handelsvertrags durch den Deutschen Reichstag wesentlich beitragen.

---

[1] Eine billigere Lieferung des Getreides wird Rufsland eventuell
ermöglicht durch eine stark sinkende Valuta. Siehe Russische Valutaschwankungen.

Vertragsdauer und Bindung der Zölle.

Auch hier standen und stehen sich die Interessen der Industrie und der Landwirtschaft aufs schärfste gegenüber.

Die Industrie will möglichste Stabilität der Handelsbeziehungen; sie will, daſs die Beziehungen zu den anderen Ländern auf eine Reihe von Jahren geregelt sind, wodurch sie in die Lage versetzt wird, sich auf einen gleichmäſsig fortdauernden Export oder Import einzurichten. Einige Zeit dauert es meist, bis der betreffende Industrielle ein günstiges Absatzgebiet für seine Erzeugnisse gefunden hat; dann dauert es wieder einige Zeit, bis er sich dieses Gebiet erobert hat, und nun kommt es ihm darauf an, sich sein neues Absatzgebiet möglichst lange ungestört zu erhalten. Plötzliche Zollveränderungen, plötzlich eintretende Ungewiſsheit über das Weiterbestehen der bisherigen Handelsbeziehungen können den exportierenden Industriellen schwer schädigen. Nicht anders ist die Lage der importierenden Industriellen. Auch sie erwarten ihre Rohstoffe und Halbfabrikate auf längere Zeit zu ein und demselben Preise zu erlangen. Danach richten sie ihren Betrieb, ihre Fabrikanlagen, den Umfang ihrer Produktion und ihre Preise ein.

Es kommt also der Industrie auf Handelsverträge von längerer Dauer an, in denen die Zollsätze vor willkürlichen Erhöhungen geschützt, also gebunden sind.

Dagegen setzt nun die Landwirtschaft ihre Produkte unter ganz anderen Verhältnissen ab. Sie ist, wie wir gesehen haben, meist von den internationalen Preisschwankungen und von dem Ausfall der Ernten im Inland und Ausland abhängig. Dazu kommt noch, daſs bei stark sinkenden Preisen doch die Nachfrage nicht rasch wesentlich steigt, wie bei vielen entbehrlichen Industrieprodukten, die man in einem solchen Falle in gröſserer Menge kauft, wodurch wieder eine Preiserhöhung herbeigeführt wird. Daher muſs der Landwirt vor allem darauf bedacht sein, ein solches bedeutendes Sinken der Getreidepreise möglichst zu verhindern, d. h. er muſs

danach streben, den vom Ausland kommenden Preisdruck
möglichst zu beseitigen. Das geeignete Mittel dazu sind die
Getreidezölle.

Durch die Handelsverträge von 1891/92 und 1894 wurden
die Getreidezölle auf 12 bezw. 10 Jahre festgelegt. Dadurch
wurden der Landwirtschaft auf eine beträchtliche Reihe von
Jahren die Hände vollständig gebunden.

Aus den Preisschwankungen in den Jahren 1891—1893
haben wir schon gesehen, wie wenig berechtigt die Hoffnung
ist, daß die gerade bestehenden Preise auch für die Zukunft
gelten würden. Das allgemeine Sinken der Preise, welches
sich allenthalben in den Jahren 1892—1895 fühlbar machte,
fügte hauptsächlich der Landwirtschaft bedeutenden Schaden
zu. Man hatte aber nicht die Möglichkeit, durch eine vorüber-
gehende Erhöhung der Getreidezölle die Landwirtschaft gegen
die gefahrbringende allzustarke ausländische Konkurrenz wirksam zu schützen. In den letzten Jahren war hauptsächlich
noch Argentinien als sehr gefährlicher Konkurrent auf dem
internationalen Getreidemarkt erschienen. Argentinien[1] war
imstande, bei außerordentlich niedrigen Löhnen und ausgedehnten, sehr fruchtbaren Ackerflächen billiger zu produzieren als irgend ein anderes Land, und das wurde noch unterstützt durch eine stark entwertete Valuta.

Gelegentlich seiner Betrachtung über die Preisentwickelung 1895 und den Vorjahren kommt Prof. Conrad zu folgender
Schlußfolgerung[2]: „Die Getreidepreise sind bedenklich niedrig
für unsere Landwirtschaft, so daß vielleicht auch diejenigen,
welche seinerzeit mit Entschiedenheit für die Handelsverträge
eingetreten sind, es jetzt beklagen müssen, daß uns die Möglichkeit genommen ist, durch eine Erhöhung der Zölle dieser nur
als vorübergehend anzusehenden Kalamität entgegenzutreten,
weil jetzt der Schaden für die Landwirtschaft größer ist als
der Nutzen, der der Gesamtheit daraus erwächst."

Zur Zeit der Reichstagsverhandlungen wurde von seiten
der Agrarier auch immer und immer wieder hervorgehoben,
daß die Getreidezölle unter keinen Umständen gebunden
werden dürften.

„Daß ein großer Industriestaat", schreibt das „Deutsche
Wochenblatt"[3], „auch mit autonomen Getreidezöllen bestehen
kann, zeigt Frankreich, und daß politische Freundschaft nicht
mit wirtschaftlichen Schädigungen bezahlt zu werden braucht,
zeigt abermals Frankreich, das sich durch seine Beziehungen
zu Rußland nicht abhalten läßt, die Getreidezölle zu erhöhen.

---

[1] Conrads Jahrb. für Nationalökonomie, Bd. 64 S. 285.
[2] Conrads Jahrb. für Nationalökonomie, Bd. 66 S. 606.
[3] Deutsches Wochenblatt am 8. Februar 1894.

Was aber im Zweibund geschieht, das müfste auch im Dreibund möglich sein."

Überhaupt wurde Frankreich als derjenige Staat von den
Agrariern bezeichnet, dessen Vorgehen beim Abschlufs von
Handelsverträgen man sich zum Beispiel nehmen solle.

Unserer Regierung kam es hauptsächlich darauf an, sich
durch den Abschlufs von Handelsverträgen eine gewisse Stabilität der Handelsbeziehungen zu sichern. Die von Frankreich
abgeschlossenen Verträge erstrecken sich auf 6 Monate oder
ein Jahr, tragen also mehr den Charakter von Handelsprovi-
sorien. Wahr ist, dafs sich Frankreich seine Zollautonomie
so sichert und bei einer Bedrohung der heimischen Landwirtschaft durch die internationale Konkurrenz in der Lage
ist, seinen Getreidezoll bei Zeiten entsprechend zu erhöhen,
den es dann bei Wiedereintreten normaler Verhältnisse wieder
entsprechend herabsetzen kann.

Konnte nun Deutschland zur Zeit des Abschlusses der
Handelsverträge nicht dieselbe Politik verfolgen wie Frankreich, also nur Verträge von einjähriger Dauer abschliefsen?

Wie Kommerzienrat Vogel mitteilte [1], war diese Möglichkeit Rufsland gegenüber gegeben. Man hätte in diesem Falle
sogar noch weitergehende Konzessionen von Rufsland erlangen
können.

Eine Politik, wie sie Frankreich bezüglich seines Handels
betreibt, läfst sich aber auf Deutschland unmöglich übertragen.

Frankreich verfügt über ein grofses Kolonialreich, wohin es viele seiner Produkte absetzen und woher es viele
der notwendigen Rohstoffe beziehen kann. Aufserdem hat
Frankreich eine fast stabile Bevölkerung, während die deutsche
Bevölkerung jährlich um Hunderttausende wächst. Diese
Abschliefsungspolitik erzeugte jedoch auch für Frankreich ein
sehr ungünstiges Resultat. Frankreichs Export war 1893 gegen
1892 um 250 Mill. Franken gefallen; um ebensoviel war die
Einfuhr gefallen. Dafs dagegen unsere Ausfuhr im Spezialhandel 1893 gegen 1892 um 94 Mill. zugenommen [2], unsere
Einfuhr dagegen um 93 Mill. Mk. abgenommen hatte, ist wohl
zum grofsen Teile ein Resultat der damaligen deutschen Wirt-
schaftspolitik.

Wir sind zur Ernährung unserer stark wachsenden Bevölkerung gezwungen, unsere Fabrikate mangels günstiger
Kolonien an das Ausland zu verkaufen. Der Verkauf wird
uns erleichtert durch den Abschlufs günstiger Handelsverträge,
und die Stetigkeit unserer Handelsbeziehung wird uns gewähr-
leistet durch Verträge von längerer Dauer.

---

[1] Verhandlungen des 19. deutschen Handelstags.
[2] Ausfuhr im Specialhandel 1892: 3150 Mill. Mk.; 1893: 3244 Mill Mk.
Einfuhr im Specialhandel 1892: 4227 Mill. Mk.; 1893: 4134 Mill. Mk.

Bei den in Rufsland seit 1891 herrschenden übertrieben schutzzöllnerischen Ansichten konnte man bei Abschlufs eines kurzfristigen Handelsvertrags nie sicher vor Zollerhöhungen sein.

Ein kurzer Rückblick auf die russische Zollpolitik während der vorausgegangenen 20 Jahre zeigt uns, wie begründet die Furcht vor vielfachen willkürlichen russischen Zollerhöhungen war.

Man war in Rufsland in der zweiten Hälfte dieses Jahrhunderts allmählich von der Prohibition zum strengen Schutzzollsystem gekommen. Es wurden eine Anzahl von Zollermäfsigungen durch das Zollgesetz von 1868, das 1869 in Kraft trat, geschaffen. Um die Mitte der 70er Jahre hatte sich die russische Schuldenlast ungemein gesteigert durch den Bau von Eisenbahnen und dann durch den russisch-türkischen Krieg. So sah sich die russische Regierung veranlafst, die Erhebung der Zölle in Gold anzuordnen, um sich so eine neue Einnahmequelle zu verschaffen. Durch diese Mafsregel (Befehl vom 10. November 1876) wurde eine Mehrbelastung der importierten Waren um 33 % herbeigeführt. Es stand 1876 der Papierrubel auf 2,45 Mk., während der Goldrubel mit 3,24 Mk. gedeckt werden mufste. 1877 ging der Papierrubel bis 1,90 Mk. herunter. Noch weitere 80 % Zuschlag auf alle zollpflichtigen Waren, Salz ausgenommen, wurden 1881 aus finanziellen Rücksichten erhoben. Im folgenden Jahre fand eine allgemeine Revision des Zolltarifs statt, wodurch die Mehrzahl der Positionen des Zollgesetzes von 1868 abgeändert wurden. Die Regierung wollte jetzt das russische Volk zwingen, die eigenen Hilfsquellen zu entwickeln, und legte so ziemlich hohe Zölle auf Rohmaterialien und Halbfabrikate.

Aus fiskalischen und schutzzöllnerischen Rücksichten erhöhte die russische Regierung in den folgenden Jahren die Zölle auf viele Importwaren. So wurden z. B. 1884 die Zölle auf Steinkohlen und Roheisen erhöht, im Januar 1885 auf Thee, Traubenweine, Öle u. s. w. Im Juli 1885 wurde wieder ein Zuschlag von 20 % auf die meisten zollpflichtigen Importwaren gelegt. Weiter fanden 1886 Erhöhungen der Zölle auf Kupfer, Häute, Felle u. s. w. statt, 1887 auf landwirtschaftliche Maschinen, unverarbeitete Metalle, Steinkohlen, Coaks u. s. w.

Nach so zahlreichen Zollerhöhungen, aus deren grofser Menge wir nur einen Teil herausgreifen, blieb natürlich von dem einigermafsen freihändlerischen Zolltarif von 1868 nicht mehr viel übrig. In Wirklichkeit war Rufsland seit 1870 immer schutzzöllnerischer geworden.

Endlich wurde der Zolltarif von 1891 aufgestellt, um wieder eine Einheitlichkeit und Gleichmäfsigkeit in dem russischen Zollsystem zu schaffen. Dieser Tarif war ein sehr schutzzöllnerischer.

Wie Wittschewsky sagt [1], herrschte in Rufsland die Ansicht, dafs die Jahre 1868—1891 eigentlich Freihandelsjahre seien, und dafs man durch Deutschland ausgebeutet worden sei. Der bekannte Professor der Chemie und Hauptstütze der extremen Schutzzollpartei, Mendelejew, that den Ausspruch: „Je höher die Zollsteuerung ist, desto schneller wird die Produktion sich befestigen, der Handel sich beleben, werden die Waren sich verbilligen."

Es kam nach fruchtlosen Unterhandlungen mit Rufsland zu dem erbitterten Zollkrieg von 1893.

Wohl niemand konnte bei einem Rückblick auf Rufslands Zollpolitik zu der Überzeugung kommen, dafs Deutschland, wenn es jetzt mit Rufsland ein Handelsabkommen mit einjähriger Kündigungsfrist schlösse, nun in Zukunft vor Erhöhungen des russischen Tarifs sicher sei.

Nur ein auf längere Zeit vertragsmäfsig festgelegter Tarif konnte der Industrie und dem Handel die Gewifsheit geben, dafs nunmehr ruhige und nutzenbringende Beziehungen zu Rufsland ermöglicht seien. Diesen Gedanken brachte auch Generalsekretär Bueck zum Ausdruck, indem er auf der Versammlung der Delegierten des Centralverbandes deutscher Industrieller [2] sagte: „So herrscht grofse Befriedigung über bindende handelspolitische Vertragsabmachungen mit einem Lande, dessen Importbedürfnis wir noch bis zu 38 % befriedigen, dessen Import aber Deutschland im Jahre 1880 schon allein bis zu 49 % gedeckt hat."

Nach unserer Überzeugung war so der Abschlufs des deutsch-russischen Handelsvertrags auf zehn Jahre im Interesse von Handel und Industrie vollkommen gerechtfertigt. Dem Abschlufs von Verträgen auf eine viel gröfsere Anzahl von Jahren würde wohl das Bedenken im Wege stehen, dafs sich bei einer längeren Zeitdauer die Produktions- und Handelsbedingungen zu sehr verändern können und so bei allzulanger Gebundenheit an feste Tarife der Industrie und dem Handel eines der vertragschliefsenden Länder oder beiden zusammen beträchtlicher Schaden zugefügt werden kann.

Es hat allerdings die Bindung der Getreidezölle unserer Landwirtschaft hauptsächlich bis zum Jahre 1895 Schaden zugefügt. Seit 1896 zeigten die Getreidepreise wieder eine beständig steigende Tendenz.

Im Interesse der Landwirtschaft wäre es also gewesen, wenn man sich die Verfügung über eventuelle Erhöhung oder Erniedrigung der Getreidezölle nicht nur Rufsland, sondern auch den übrigen Vertrags- und Meistbegünstigungsländern gegenüber gewahrt hätte.

----

[1] Schriften des Vereins für Socialpolitik, Bd. 49.
[2] Am 19. Februar 1894.

Generell läfst es sich nun nicht behaupten, dafs es im
Interesse irgend eines Staates sei, nicht gebundene Handelsverträge abzuschliefsen. Es ist das ja gerade der Zweck des
Handelsvertrags, gegenseitig möglichste Erniedrigung der Zollsätze zu erreichen und durch Wahrung derselben eine Stetigkeit der gegenseitigen Handelsbeziehungen herbeizuführen.
Das läfst sich aber durchgängig nur durch eine Tarifbindung
erreichen.

Rufsland hatte nun das gröfste Interesse daran, einen
möglichst ununterbrochenen Export seiner landwirtschaftlichen
Erzeugnisse nach Deutschland sich zu sichern. Das konnte
nur dadurch erreicht werden, dafs ein nicht allzuhoher Getreide-
zollsatz von seiten Deutschlands zugestanden wurde und nicht
beliebig erhöht werden konnte. Höchst wahrscheinlich ist es,
dafs wir mit Rufsland zu keinem Vertragsabschlufs gelangt
wären, wenn wir eine Bindung der Getreidezölle verweigert
hätten.

Neigt man aber der Ansicht zu, dafs beim Abschlufs von
Handelsverträgen befriedigende Konzessionen zu erlangen seien
ohne eine Bindung der Getreidezölle unsererseits, so stehen
wir damit vor der Frage: Wodurch soll dann die jeweils
zweckmäfsige Höhe des Getreidezolls bestimmt werden?

Soll es eine mechanisch gleitende Skala thun oder soll von
Fall zu Fall die Gesetzgebung eingreifen?

Die gleitende Skala hat sich weder in England noch in
Frankreich bewährt. Der eigentliche Zweck nicht festliegender
Zollsätze kann durch die gleitende Skala nicht erreicht werden,
da hier sofort eine mafslose Spekulation eingreift, die eine fort-
gesetzte Reihe von künstlichen Preisbildungen hervorruft nur
zu dem Zwecke, den eigenen Gewinn möglichst zu erhöhen.
Es sagt darüber Prof. Fuchs[1] sehr zutreffend folgendes: „Die
berüchtigten Getreide-Corners in den Vereinigten Staaten und
in Liverpool haben doch wohl zur Genüge gezeigt, dafs es
auch bei der heutigen Organisation des Getreidehandels und
den heutigen Verkehrsmitteln möglich ist, die Vorräte zurück-
zuhalten und die Preise zu treiben, und eine gleitende Zoll-
skala würde diese Hausse-Bewegung geradezu herausfordern
und zu einer dauernden Einrichtung machen. Andererseits
würde die Schnelligkeit, mit der heute von überall her grofse
Getreidemengen herbeigeschafft werden können, im Moment
eines günstigen Zollstandes bezw. vollständig freier Einfuhr
— d. h. nachdem die Preise so hoch getrieben worden sind —
die Überschwemmung des Marktes mit fast oder ganz zollfrei
eingeführtem Getreide zu einer unbegrenzten machen, die Preisschwankungen also entsprechend steigern."

---

[1] Deutsches Wochenblatt am 23. Juli 1891.

Um also die Höhe des Getreidezolls nicht von solchen Spekulationsmanövern abhängig zu machen, wäre nun das andere Mittel, nämlich ein Eingreifen der Gesetzgebung, in Erwägung zu ziehen.

Sobald infolge Zusammentreffens einer guten deutschen Ernte mit starkem ausländischen Angebot die Inlandspreise stark fallen würden, wäre der Getreidezoll entsprechend zu erhöhen, sobald jedoch die Inlandspreise infolge einer schlechten deutschen Ernte sehr steigen würden, wäre der Getreidezoll stark zu erniedrigen, ja eventuell ganz aufzuheben.

Ein Normalgetreidepreis wäre hier wohl aufzustellen, nachdem die Gesetzgebung den Getreidezoll zu regeln haben würde. Die Gefahren einer ausgedehnten Spekulation wären wohl auch hier nicht ganz zu vermeiden, aber doch bedeutend geringer als bei der gleitenden Skala.

Aber mancherlei Bedenken wären hier doch ernstlich in Erwägung zu ziehen. Ein Eingreifen der Gesetzgebung bedeutet eine jedesmalige Erregung der Parteileidenschaften und damit eine Verhetzung der verschiedenen socialen Klassen. In Presse und Parlament würden jedesmal die wirtschaftlichen Sonderinteressen auf das Schärfste vertreten werden, und damit würde wahrscheinlich jede derartige Gesetzesänderung die Erbitterung der durch ihre entgegengesetzten Interessen in stärksten Gegensatz geratene Menge steigern. Auch würde der Gesetzgebungsapparat wohl nur schwerfällig arbeiten, manchmal wohl gar nicht oder oft erst sehr spät wirksam eingreifen.

Prof. Schmoller[1] hat zu dieser Frage einen weiteren Vorschlag gemacht. Gelegentlich der Debatten über die Erhöhung der Getreidezölle sagte nämlich Schmoller folgendes: „Ich hätte es für das Heilsamste gehalten, wenn dem Bundesrat nicht für immer, aber versuchsweise auf 3—4 Jahre die Getreidezölle ganz nach seinem freien Ermessen innerhalb eines Maximal- und Minimalbetrages zu normieren aufgetragen worden wäre." Dadurch würde hauptsächlich auch der dunkelste Punkt unserer parlamentarischen Debatten und Abstimmungen, der Klassenkampf, der Kampf der nackten wirtschaftlichen Sonderinteressen, miteinander vermieden. Es hätten der preußische Staatsrat vor 1848 und die Zollvereinskonferenz bezüglich der Tariffragen und ähnlicher notwendig auf das Gebiet der socialen Klassenkämpfe führenden Themata mit unendlich mehr Sachlichkeit, Sachkenntnis, Ruhe und Mäßigkeit verhandelt als unsere heutigen parlamentarischen Vertretungen.

Allerdings verhehlt sich Schmoller nicht die grofse Schwierigkeit, den Reichstag zum Verizcht auf ein so wichtiges Recht zu bestimmen.

---

[1] Schmollers Jahrbuch 1885, Heft 2 S. 209.

Wir möchten noch hinzufügen, daſs es in mancher Hin-
sicht nicht unzweckmäſsig erscheint, das Recht der Normierung
der Höhe des Getreidezolls direkt dem Reichskanzler zu übertragen. Hätten nun der Bundesrat oder der Reichskanzler
diese Befugnis, so könnten dieselben im Geheimen verhandeln
und dann plötzlich verkündigen, die Getreidezölle hätten sich
geändert.

Theoretisch machen derartige Betrachtungen schon
Schwierigkeiten, praktisch würden dieselben jedenfalls noch
steigen.

Friedrich der Groſse hatte zur Heilung der landwirtschaftlichen Not groſse Getreidespeicher erbaut. Bei niedrig stehen-
den Preisen kaufte er nun z. B. in Polen ein, sobald jedoch
die Preise stiegen, kaufte er nicht mehr von Polen. Ebenso
wie damals dieses Vorgehen Friedrichs des Groſsen von den
Polen lebhaft als Chikane empfunden wurde, würde wohl auch
heutzutage jede auswärtige Regierung, hauptsächlich jedes
Getreide ausführende Land, wie Ruſsland, die von uns oben
besprochene Getreidezollpolitik als eine Verletzung ihrer hauptsächlichsten Exportinteressen empfinden.

Deshalb dürften wohl auch der Abschlieſsung eines günstigen Handelsvertrags ohne Bindung der Getreidezölle unsererseits die gröſsten Schwierigkeiten sich entgegenstellen.

Aufhebung des Identitätsnachweises und Beseitigung der Staffeltarife.

Beim Abschluſs des deutsch-russischen Handelsvertrags glaubte unsere Regierung durch zwei Maſsregeln der deutschen Landwirtschaft helfen zu müssen: durch die Aufhebung des Identitätsnachweises und die Beseitigung der Staffeltarife.

Die Aufhebung des Identitätsnachweises halten wir für einen sehr glücklichen Schritt, während man aus volkswirtschaftlichen Gründen die Staffeltarife hätte beibehalten sollen.

Infolge der Bestimmungen des Identitätsnachweises wurde dem Getreideexporteur ein Zollnachlaſs nur gewährt, wenn er dasselbe Quantum Getreide, welches er exportierte, auch wieder einführte. Unter diesen Verhältnissen wurde eine wirkliche Getreideausfuhr sehr erschwert. Es wird ja durch den Getreidezoll der Inlandspreis oft um den ganzen oder wenigstens teilweisen Zollbetrag über dem Weltmarktpreis gehalten. Soll nun eine Ausfuhr des bei uns überflüssigen Getreides ermöglicht werden, so sind dem Getreideexporteur gewisse Erleichterungen zu gewähren.

Freiherr v. Marschall begründete die Notwendigkeit der Aufhebung des Identitätsnachweises folgendermaſsen [1]: „Die gegenwärtige niedrige Preislage des Roggens in Deutschland ist nicht eine Folge der ausländischen Konkurrenz, sondern gegenwärtig drückt Deutschland dem Auslande den Preis. Wir haben im vergangenen Jahre eine so kolossale Ernte gehabt wie nie. Wir haben Überproduktion an Roggen und zwar umsomehr, als wenigstens ein Stillstand im Konsum dieser Ware eingetreten ist. Es sind die gesetzlichen Bestimmungen des Identitätsnachweises schädlich, durch den wir gezwungen sind, den überflüssigen Roggen im Inland zu behalten."

Am 14. April 1894 wurde der Identitätsnachweis aufgehoben. Nunmehr werden bei der Ausfuhr von Getreide

---

[1] Kommissionssitzung am 8. März 1894.

oder Mühlenfabrikaten über 500 kg Einfuhrscheine auf die
Zollsumme ausgestellt, welche bei der Einfuhr dieser Ware zu
zahlen wäre. Innerhalb sechs Monaten dürfen nun die so Ausführenden ein gleiches Quantum Getreide oder auch exotische
Waren zu dem im Einfuhrscheine angegebenen Zollbetrage
frei einführen. Der Berechtigungsschein kann auch auf andere
Personen übertragen werden.

Skandinavien und Großsbritannien sind als die natürlichen
Absatzgebiete für die überflüssigen Getreidemassen unseres
Nordostens zu betrachten. Während des Bestehens des
Identitätsnachweises konnte unsere Landwirtschaft ihren Ge-
treideüberschuß nur noch in geringen Mengen nach dem Aus-
lande ausführen. Die Getreidemengen mußten in Deutschland
selbst abgesetzt werden, und man drückte sich so selbst den
Preis.

Es schreibt Prof. Conrad folgendes über die Engrospreise [1]:
„In der Periode 1879—83 waren in Königsberg gegenüber
London die Weizenpreise um 51 Mk. billiger, in der Zeit von
1886—90 um 45 Mk., von 1891—95 um 50 Mk. Erst nach
Beseitigung des Identitätsnachweises gleicht sich die Differenz
mehr aus und beträgt nur noch 35 Mk."

Auch eine Ausgleichung der Preise zwischen dem Osten
und Westen Deutschlands wurde durch die Aufhebung des
Identitätsnachweises herbeigeführt. Es war z. B. der Roggen
in Königsberg [2] von 1879—88 um 32,4 Mk. billiger wie in
Mannheim, von 1889—93 um 24,6, 1894 um 23,5, 1895 aber
nur um 16,3 Mk.

Prof. Conrad sagt: „Die östlichen Provinzen Preußens
sind hauptsächlich oder sogar ausschließlich Agrargegenden,
die westlichen dagegen bei weitem überwiegend Fabrikdistrikte;
die ersteren fast vollständig vom Ertrage der Landwirtschaft
lebend, so daß ihr Wohl und Wehe nächst den Ernten von
den Getreidepreisen abhängt; für sie sind deshalb die Getreidezölle eingeführt. Die westlichen Gegenden, welche bei weitem
nicht soviel produzieren als sie gebrauchen, leiden bei weitem
überwiegender Weise unter einer jeden Erhöhung der Getreidepreise, wenn sie in abnormer Weise über den östlichen stehen,
und der Landwirt ist dort wie im Süden bei weitem nicht in dem
Maße in seiner finanziellen Lage von den Getreidepreisen abhängig, weil für ihn andere Einnahmequellen (Gemüsebau, Vieh-
zucht u. s. w.) eine weit größere Bedeutung haben. Eine Ausgleichung der Getreidepreise ist daher sehr wünschenswert."

Das erfreuliche Ergebnis der Aufhebung des Identitätsnachweises ist, daß jetzt wieder eine umfangreiche Ausfuhr

---

[1] In Schönbergs Handbuch der Pol. Ökonomie, N. Aufl., Bd. II, 1,
S. 257.

[2] Schönbergs Handbuch der Pol. Ökonomie, Bd. II, 1, S. 258.

unserer landwirtschaftlichen Produkte ermöglicht ist. Der
Export unserer Hauptgetreidearten: Weizen, Roggen, Hafer,
Gerste stieg so auch wieder seit 1894 ganz bedeutend. Es
wurden ausgeführt:

		Weizen:	Roggen:	Hafer:	Gerste:
				Doppelcentner	
1891	. . . .	3 371	1 342	3 729	38 992
1892	. . . .	2 440	4 908	4 718	95 671
1893	. . . .	2 931	2 705	2 760	82 349
1894 {1.	Gesamtausfuhr . .	791 907	497 118	227 594	194 047
\{2.	Gegen Einfuhrschein	789 729	495 606	225 953	189 018
1895 {1.	. . . .	699 109	359 923	514 272	490 137
\{2.	. . . .	695 868	358 552	511 438	3 332
1896 {1.	. . . .	752 144	383 215	303 769	209 683
\{2.	. . . .	750 682	381 816	300 703	203 605
1897 {1.	. . . .	1 713 799	1 064 347	213 627	185 154
\{2.	. . . .	1 712 082	1 061 914	210 847	170 351
1898 {1.	. . . .	1 348 198	1 297 060	472 842	126 560
\{2.	. . . .	1 346 725	1 295 455	471 400	104 717

Zur Exportprämie werden die Bestimmungen der Aufhebung des Identitätsnachweises dann, wenn unser Getreidezoll höher steht als die Differenz zwischen den Inlands- und
Auslandspreisen, wenn also unser Getreide nicht um 35 Mk.
teurer ist als das Getreide des Weltmarktes.

Hand in Hand mit der Aufhebung des Identitätsnachweises
ging die Beseitigung der Staffeltarife, die erst im Jahre 1892
in Preußen eingeführt worden waren. Durch die letztere
Maßregel wollte man der west- und süddeutschen Landwirtschaft zu Hilfe kommen, wie die erstere Maßregel hauptsächlich den Export der landwirtschaftlichen Produkte des
Ostens wieder heben sollte.

Man behauptete in Westdeutschland, daß durch die Staffeltarife die Getreidepreise gedrückt und hauptsächlich die
rheinische Mühlenindustrie schwer geschädigt worden seien.

Freiherr v. Stumm sagte[1], daß die Staffeltarife auf Getreide vielleicht keinen so nachteiligen Einfluß geübt hätten,
daß aber die Staffeltarife für Mehl die rheinische Mühlenindustrie zum großen Teil ruiniert und damit indirekt auch
die Landwirtschaft geschädigt hätten. Die infolge der Aufhebung des Identitätsnachweises und der Staffeltarife erhöhten
Getreidepreise würden aber nunmehr die Industrie, die gewerb-
lichen Arbeiter und überhaupt diejenigen, die an der Landwirtschaft kein direktes Interesse hätten, zu zahlen haben.

Wir haben schon erwähnt, daß im Osten die Getreidepreise bedeutend niedriger sind als im Westen, was einesteils

---

[1] Deutscher Reichstag, 58. Sitzung am 27. Februar 1894.

die Folge der viel stärkeren Produktion und so des viel
höheren Angebots im Osten ist, anderenteils aber daher kommt,
daſs man im Westen viel mehr Getreide braucht, als man
erntet.

Die naturgemäſse Schluſsfolgerung aus dieser Sachlage ist
die, daſs man bestrebt sein sollte, dem Osten den Absatz
seines Getreides zu erleichtern. Im eigenen Lande ist dies
durch auf gröſsere Entfernungen mehr und mehr erniedrigte
Transportpreise, durch Staffeltarife der Eisenbahnen, möglich.
Es sollen die einzelnen Teile Deutschlands sich wirtschaftlich
ergänzen und unterstützen. Der Westen Deutschlands, der
doch hauptsächlich von den Produkten seiner Industrie, seines
Bergbaues und seiner Weinkulturen lebt, sollte sich eine Re-
duktion seiner höheren Getreidepreise zu gunsten des Ostens
gefallen lassen, der wenig industriekräftig auf einen möglichst
günstigen Verkauf seiner landwirschaftlichen Produkte angewiesen ist.

Daher sind Staffeltarife als eine volkswirtschaftlich durchaus gerechtfertigte Einrichtung zur Herbeiführung eines innern
Ausgleichs zu betrachten.

Minister v. Boetticher hob bei den Kommissionsberatungen
hervor[1], es sei der Fall denkbar, daſs z. B. bei ausgedehntem
Miſswachs die Wiedereinführung von Staffeltarifen gerade im
Interesse des Westens dringend erforderlich sei.

---

[1] Am 7. März 1894.

Russische Valutaschwankungen.

Wir haben schon oben erwähnt, daſs eine sinkende russische Valuta stark als Exportprämie für Ruſsland wirken kann, ein Umstand, der natürlich unserer Landwirtschaft eine erfolgreiche Konkurrenz mit Ruſsland noch bedeutend erschweren muſs.

Ruſsland war nach seiner Münzgesetzgebung ein Silberwährungsland. Durch Gesetz vom 9. September 1876 ist aber die Ausprägung der Silbermünzen in Ruſsland suspendiert worden. Dadurch wurde nun das schon seit den 50er Jahren mehr und mehr eingeführte Papiergeld noch beträchtlich vermehrt. Dieses Papiergeld entwertete sich fortwährend und war bedeutenden Kursschwankungen unterworfen, die jedoch seit dem Jahre 1894 fast vollständig aufgehört haben. Der Rubelkurs hat sich bekanntlich seitdem beständig auf 2,16 bis 2,17 Mk. gehalten.

Von der russischen Regierung ist während der letzten Jahrzehnte eine bedeutende Goldmenge angesammelt worden, so daſs ein Übergang zur Goldwährung jetzt wohl ernstlich beabsichtigt ist. Man hat den neuen russischen Goldrubel auf Grund einer Parität von 2,16 Mk. in deutschem Gold geschaffen.

Fänden also jetzt die Reichstagsverhandlung über einen deutsch-russischen Handelsvertrag statt, so würde wohl die Frage der entwerteten russischen Valuta eine untergeordnete Rolle spielen.

Die Dinge lagen aber anders zu Anfang der 90er Jahre. Damals konnte man nicht im entferntesten von einer Stabilität des Rubelwertes reden. Beständig drohte die Gefahr, daſs der Papierrubel plötzlich stark im Kurse fiele, und dadurch der russische Getreideexport unnatürlich begünstigt würde.

Rein theoretisch betrachtet ist es ja sicher, daſs ein Sinken des Rubelwertes eine starke Exportprämie in sich schlieſst und die Wirkung des Getreidezolls vollständig aufheben kann.

„Sind 100 Papierrubel", sagt Prof. Conrad[1], „schon für
180 Mk. zu haben, so nimmt der russische Getreideexporteur,
der in Deutschland für seinen Weizen Gold erhält, für je
100 Rubel 40 Mk. mehr ein, als wenn 100 Rubel 220 Mk.
kosten. Das deutsche Gold hat in Rußland eine entsprechend
höhere Kaufkraft und es ist vollständig richtig, daß bei der
angenommenen Differenz ein Zoll von 35 Mk. reichlich dadurch ausgeglichen wird. Ebenso sicher ist es, daß dadurch
ein gewisser Einfluß auf den Getreidepreis in Rußland aus-
geübt werden kann. Die Exportprämie von 40 Mk. setzt die
Händler in den Stand, Getreide noch in abgelegeneren Gegenden tiefer in dem Innern des Landes aufzukaufen und über
die Grenze hinaus zu transportieren, wo sich bisher der
Transport nicht bezahlt machte. Dadurch wird innerhalb Rußlands ein größerer Vorrat disponibel, welcher hemmend auf
die Preiserhöhung in Rußland selbst einwirkt d. h. mildernd,
nicht aufhebend. Der Export wird dadurch allerdings erhöht.
Die Erhöhung kann sich aber nur in engen Grenzen bewegen.
Der russische Bauer kann nicht sein Wirtschaftssystem den
Preisverhältnissen jedes Jahres anpassen. Der Bauer muß
jedes entbehrliche Quantum auf den Markt werfen aus peku-
niären Rücksichten. Das für den Export verfügbare Quantum
wird deshalb in der Hauptsache durch den Ernteausfall bestimmt."

Einseitig wurde nun von den Agrariern die Theorie aufgestellt, daß bei sinkendem Rubelkurs Rußland leicht viel
Getreide exportieren könne und auf den Weltmarktpreis
drücke, während bei steigendem Rubelkurs dieser russische
Export gehemmt würde.

„Diese große Exportprämie", sagte der Abgeordnete v. Kardorff[2], „welche in der Unterwertigkeit der Valuta liegt, ist es,
die es der deutschen Landwirtschaft unmöglich macht, ohne Zollschutz fortzubestehen. Beim heutigen Kurs der russischen Valuta
ist die Exportprämie des russischen Bauern höher als 5 Mk.
Umgekehrt: Steigt der Rubelkurs bis auf 220 oder 230, dann
ist der Export ein schwieriger; und zu 250, haben die hiesigen
Getreidehändler versichert, ist gar nicht daran zu denken,
daß wir überhaupt russisches Getreide hereinbekommen. So
ist der Einfluß der Valutenfrage viel größer als der des Zolls
auf die Preisbildung."

Thatsächlich wurden die Worte des Herrn v. Kardorff,
daß bei einem Rubelkurs von 220 der russische Export ein
schwieriger sei, dadurch widerlegt, daß im Jahre 1894 der
Rubelkurs in Berlin 220 betrug, im Steigen begriffen war,

---

[1] Conrads Jahrbücher für Nationalökonomie, Bd. 62, S. 316.
[2] Deutscher Reichstag am 10. Dezember 1891.

und daſs damit doch zugleich ein steigender russischer Getreide-export zusammenfiel.

Nehmen wir den Fall an, daſs der Rubel tief steht, also ein vorteilhafter Export des russischen Getreides möglich wäre, dann kann der Getreideexporteur natürlich nur:

1) bei einer guten Ernte an eine gröſsere Ausfuhr denken, und

2) dieselbe nur dann durchführen, wenn die Beförderungs-möglichkeit für diese Getreidemengen vorhanden ist.

Der russische Bauer ist aber durchaus nicht in der Lage, bei Eintritt eines längeren Tiefstandes des Rubelkurses plötz-lich seine Getreideproduktion dermaſsen zu steigern, daſs er die ihm günstige Konjunktur nun voll ausnützen könnte. Eher ist die Industrie noch fähig, in einem solchen Falle ihre Pro-duktion stark zu vermehren.

Fällt aber eine sehr gute Ernte zufällig mit einem sehr tiefstehenden Rubelkurs zusammen, dann entsteht die Frage: Kann man diese Getreidemengen auch sämtlich befördern?

Ruſsland verfügt ja nicht im entferntesten über ein Eisen-bahnnetz und ein Wagenmaterial sowie über eine ausgezeichnete Betriebsleitung wie die meisten übrigen europäischen Staaten. Es kann so leicht vorkommen, daſs gerade während der Dauer des für ihn günstigen Rubelkurses der russische Getreide-exporteur durchaus nicht in der Lage ist, sein Getreide über die Grenze zu bringen. Nach Annahme Dr. Ballods[1] ist die Ackerbauzone in Ruſsland etwa 5—8mal schlechter mit Eisen-bahnen versehen als Deutschland oder Frankreich.

Bei dem Verkauf des Getreides wird auch der den Menschen innewohnende Erwerbstrieb eine hervorragende Rolle spielen.

Es bieten sich dem Getreideexporteur die beiden Möglich-keiten: Er verkauft entweder dem gesunkenen Rubelkurs ent-sprechend billiger oder er verkauft ebenso teuer wie die übrigen Länder und steckt den Gewinn in seine eigene Tasche Meist wird wohl der Fall eintreten, daſs der Getreideexporteur sein Getreide so teuer wie möglich zu verkaufen sucht. Ver-kauft er aber viel billiger als die übrigen Länder, so wird dadurch allerdings ein Druck auf die Weltmarktpreise aus-geübt.

Der russische Getreideexporteur ist ja, wenn der Rubel-kurs sehr stark gesunken ist, selbst bei billigerem Angebot seines Getreides auf dem Weltmarkt noch im stande, einen Gewinn zu erzielen.

Vor allem müssen wir uns aber darüber klar sein, welchen Einfluſs der Ausfall der russischen Ernten selbst auf den Rubelkurs hat.

---

[1] Dr. Ballod: Die wirtschaftliche Lage Ruſslands in Schmollers Jahrbuch 1898, S. 108.

Eine ausgezeichnete russische Ernte, ja schon die Er-
wartung einer solchen, wird ein Steigen des Rubelkurses infolge der vermehrten Nachfrage nach den russischen Zahlungsmitteln bewirken. So wird also die durch einen Tiefstand des
Rubelkurses gegebene Exportprämie bald wegfallen; so wird
der Rubelkurs oft bedeutend steigen, und es werden die russischen Inlandspreise sinken.

Bei einer schlechten russischen Ernte wird die Nachfrage
nach den russischen Zahlungsmitteln eine geringe sein, es
wird also der Rubelkurs fallen. Jetzt wäre also die Exportprämie gegeben, es fehlt aber die Exportmöglichkeit, da man
das geerntete Getreide meist schon für den eigenen Konsum
braucht.

Freiherr v. Marschall gestand zu[1], es sei richtig, daſs ein
und derselbe Getreidepreis ausgedrückt, in russischen Kredit-
rubeln, eine höhere Summe darstellt in dem Goldpreis des
Weltmarktes, wenn der Rubelkurs hochsteht, und eine niedere
Summe, wenn der Rubelkurs tiefsteht. In diesem Sinne be-
einfluſse allerdings die Valuta den Getreidepreis. Nebenher
gingen aber eine ganze Reihe von anderen Faktoren, die den
Getreidepreis viel intensiver beeinfluſsen, die die Wirkung des
Valutafaktors paralysieren und dem Getreidepreis eine ganz
andere Tendenz geben. Häufig stehe der Getreidepreis hoch
und der Rubelkurs nieder, und umgekehrt.

Dr. Helfferich[2] stellt als besonders charakteristisch für die
Beziehungen zwischen dem Auſsenhandel und den Valutaschwankungen die beiden Jahre 1888 und 1891 einander
gegenüber.

1888 war die Welternte im allgemeinen schlecht. Namentlich die Vereinigten Staaten hatten einen starken Ausfall.
Deutschland hatte eine mäſsige Weizen- und eine schlechte
Roggenernte. Österreich-Ungarn und die Donauländer und
namentlich Ruſsland hatten sehr gute Ernten.

So fanden schon vom 3. Quartal des Jahres 1888 an starke
russische Getreideexporte statt, die ein erhebliches Steigen des
Rubelkurses bewirkten. Vom 2. zum 3. Quartal 1888 stieg
so der Rubelkurs von 171 auf 202 1/2, also um 18 %; er hob
sich im 4. Quartal auf 212, stieg also im zweiten Halbjahr 1888
insgesamt um 24 %.

Aber die inner-russischen Preise sanken (in Odessa Weizen
von 68 1/2 im 2. Quartal auf 62 im 4. Quartal 1888, Roggen
von 38 auf 35 1/2), während die Getreidepreise auf dem Weltmarkt erheblich stiegen, Weizen in Danzig von 129 auf 146
(13 %), Roggen in Bremen von 93 auf 106 1/2 (14 1/2 %).

---

[1] Deutscher Reichstag, 57. Sitzung, am 26. Februar 1894.
[2] Dr. Helfferich, Auſsenhandel und Valutaschwankungen in Schmollers Jahrbuch 1897, Heft 2, S. 48—52.

Durch das Steigen des Rubelkurses um 24 % mußten die
inner-russischen Preise zurückgehen. Der russische Bauer
wurde also durch die schwankende Valuta um eine Steigerung
der Getreidepreise betrogen, und für den Exporteur wurden
die Gewinnaussichten gerade bei dieser unerhört günstigen
Konjunktur verschlechtert.

So fand hier die russische Ausfuhr an ihrer eigenen
Wirkung auf den Rubelkurs eine gewisse Schranke; es ge-
langte in der That nicht alles verfügbare Getreide zur Ausfuhr, sondern Rußland behielt erhebliche Lagerbestände zurück.

Als Gegenstück des Jahres 1888 nimmt nun Dr. Helfferich
das Jahr 1891.

Bei einem allgemeinen starken Getreidebedarf kam die
russische Ausfuhr fast völlig in Wegfall. Das russische Getreideausfuhrverbot verschärfte die Spannung.

Rußlands Ausfuhr sinkt auf einen unerhörten Tiefpunkt.
Mit ihr sinkt der Rubelkurs. Im 2. Quartal 1891 stand er
durchschnittlich auf 240, im 1. Quartal 1892 betrug er nur
noch 201 $^1/_2$, annähernd 20 % weniger. Seit dem russisch-
türkischen Krieg war in kurzer Zeit kein solcher Preissturz
dagewesen; selbst damals wurde er kaum erreicht.

Da hatten nun die russischen Getreideproduzenten und
Exporteure allerdings eine kolossale Exportbegünstigung; aber
sie hatten nichts zum exportieren.

Wir sehen, daß die Befürchtungen der Agrarier nur in
sehr beschränktem Maße gerechtfertigt waren, daß Rußland
infolge seiner Valutaschwankungen nur sehr selten einen wirklichen Druck auf die Weltmarktpreise ausüben kann. Die
Möglichkeit ist vorhanden, daß der russische Getreideexporteur
bei gleichbleibenden Weltmarktpreisen und zugleich sinkendem
russischen Rubelkurs einen höheren Gewinn erzielen kann.
Verkauft der russische Getreideexporteur jetzt billiger, dann
vermag er den Weltmarktpreis zu drücken und doch eventuell
noch einen Gewinn zu erzielen.

Aber eine Reihe von Umständen treten nun hinzu, welche
dem Exporteur einen vorteilhaften Export wesentlich erschweren. Hauptsächlich erschwerend wirkt, daß bei steigendem Export der Rubelkurs steigen muß, und so der schwankende
Rubelkurs dem Export mehr hinderlich als förderlich ist. Ein
schlagender Beweis für diese Behauptung ist das Jahr 1891/92.

Wie wir schon erwähnt haben, kann man schon seit 1894
von einer schwankenden russischen Valuta nicht mehr reden.
Die russische Regierung scheint selbst der Ansicht zu sein,
daß eine stabile Valuta dem eigenen Lande viel mehr zum
Vorteil gereichen würde als der frühere Zustand, der von vielen
Seiten in Deutschland als besonders gefährlich für die deutsche
und nutzenbringend für die russische Landwirtschaft angesehen
wurde.

Um nun die deutsche Landwirtschaft hauptsächlich gegen die aus den russischen Geldverhältnissen entspringenden Gefahren zu schützen, wurde von Herrn v. Kardorff ein darauf bezüglicher Antrag[1] am 7. Februar 1894 eingebracht. Derselbe wurde durch zwei Abänderungsanträge[2] am 9. und 12. Februar ergänzt und lautete nun folgendermafsen:

„Der Reichstag wolle beschliefsen, die verbündeten Regierungen zur Vorlegung eines Reichsgesetzes aufzufordern, durch welches der Bundesrat ermächtigt wird, bei der Einfuhr von Roggen, Weizen, Hafer und Mehl in das deutsche Reich denjenigen Staaten gegenüber, welche Papiervaluten mit Zwangskurs besitzen, bezw. in welchen für Gold ein Aufgeld — Agio — gezahlt wird, Zollzuschläge zu erheben, welche dahin festgesetzt werden, dafs zu dem Doppelzentner Roggen, Weizen, Hafer oder Mehl ein Zollzuschlag erhoben wird: bei einem bestehenden Disagio von mehr als 10 % von 1 Mk., und für Hafer für 0,80 Mk. bezw. für Mehl von 2,50 Mk., bei einem bestehenden Disagio von mehr als 20 % von 1,50 Mk., bezw. für Mehl von 3,75 Mk.“

Dieser Antrag liefs sich mit den schon abgeschlossenen Handelsverträgen kaum vereinigen. Aufserdem erschien der Majorität des Reichstag die durch die entwerteten Valuten drohende Gefahr nicht bedeutend. So wurde der Antrag abgelehnt.

Auf Grund unserer Betrachtungen über die russischen Valutaschwankungen glauben wir auch, dafs die Annahme des Antrags nur geringe Vorteile gebracht, aber sehr grofse Schwierigkeiten Rufsland gegenüber erzeugt haben würde.

---

[1] No. 164 der Reichstagsdrucksachen.
[2] No. 166 u. 172 der Reichstagsdrucksachen.

Rufslands Zugeständnisse.

Wir haben in der Geschichte des deutsch-russischen Handels- und Schiffahrtsvertrags schon erwähnt, dafs Rufsland in diesem Vertrage von 218 Tarifpositionen des russischen Tarifs von 1891, bei Mitberücksichtigung der Positionen der Ausfuhrzölle, von 226 russischen Positionen, 76 teils ermäfsigt, teils gebunden hat.

Unter diesen russischen Zollermäfsigungen befinden sich eine Anzahl, die für Deutschlands Handel und Industrie von gröfster Bedeutung geworden sind. In Tabelle II[1] stellen wir eine Anzahl von Erzeugnissen deutscher Industrie zusammen, deren Ausfuhr nach Rufsland besonders durch die im Jahre 1894 erlangten Zugeständnisse eine teils glänzende, teils doch sehr günstig zu nennende Entwicklung gewonnen hat[2].

Als das bedeutungsvollste Zugeständnis, welches Deutschland im Jahre 1894 seitens Rufsland erlangt hat, kann wohl die Zollherabsetzung auf E i s e n und S t a h l, sowie auf M a s c h i n e n bezeichnet werden.

Es wurden die Zölle auf Eisen und Stahl von 60 auf 50 Kopeken herabgesetzt für das Pud. Den noch niedrigeren Zollsatz von 40 Kopeken der Jahre 1882 und 1885 konnte man also nicht wieder erreichen.

Aus den Tabellen II, III und IV sehen wir, wie bedeutend die Ausfuhr von groben Eisenwaren, schmiedbarem Eisen in Stäben, Platten und Blechen aus schmiedbarem Eisen, sowie Eck- und Winkeleisen zugenommen hat.

Der Zoll auf Roheisen wurde von 35 auf 30 Kopeken herabgesetzt. Es war die Ausfuhr von Roheisen nach Rufs-

---

[1] Für sämtliche statistische Tabellen gilt das in der Vorbemerkung zu den statistischen Tabellen Gesagte, s. diese Vorbemerkung.
[2] Nur Roheisen macht hier eine Ausnahme.

land[1] während der Jahre 1882—1886 eine sehr starke, ging dann aber mehr und mehr zurück bis auf 279 000 Mk. im Jahre 1891. Sie hob sich dann zwar wieder langsam, ohne jedoch aber auch nur annähernd die frühere Höhe wieder erlangen zu können. Es war der Zoll auf Roheisen, der im Jahre 1882 noch 0,06 Rubel pro Pud betrug, 1885 auf 0,09, 1886 auf 0,15 Rubel und 1891 sogar 0,35 Rubel erhöht worden. Die im Vertragstarif erlangte Herabsetzung auf 0,30 Rubel ist nicht stark genug, um eine wesentliche Erhöhung unserer Roheisenausfuhr nach Rufsland zu ermöglichen.

Sicher ist, dafs die Eisenindustrie in Rufsland während der letzten Jahrzehnte eine ganz hervorragende Entwicklung genommen hat. Allerdings hat die russische Regierung auch durch zum Teil verbotsartige Zölle diese für jeden industriellen Aufschwung so wichtige Industrie nach besten Kräften gefördert.

Nach Angaben der „Times"[2] hat sich während der Jahre 1880—1896 die russische Eisenproduktion nahezu vervierfacht, die Herstellung von zugerichtetem Eisen hat um ganze 80% zugenommen, und die Fabrikation von Stahl ist um mehr als das Doppelte gestiegen. Der wichtigste Punkt der russischen Eisenindustrie ist der Ural; es folgen Mittelrufsland, Polen, Südrufsland, Finnland, Nordrufsland und Sibirien.

Es war die Erzeugung von Roheisen, zugerichtetem Eisen und Stahl in diesen verschiedenen Gegenden folgende:

Bezirk:	Roh-eisen:		Zugerichte-tes Eisen:		Stahl:	
	1880	1896	1880	1896	1880	1896
			1000 t			
Ural	317	537	178	269	38	64
Mittelrufsland . . .	54	127	38	68	71	77
Polen	44	182	22	66	71	129
Südrufsland	21	448	14	39	14	261
Finnland	21	22	15	11	0,5	3
Nordrufsland . . .	3	4	22	38	112	142
Sibirien	4	7	4	5	—	—

[1] Ausfuhr von Roheisen nach Rufsland:

1000 Mk.		1000 Mk.	
1882:	1,457	1890:	1,051
1883:	2,226	1891:	279
1884:	2,963	1892:	299
1885:	2,761	1893:	366
1886:	3,032	1894:	366
1887:	1,528	1895:	359
1888:	466	1896:	318
1889:	1,637	1897:	460

[2] Deutsches Handelsarchiv, Jahrg. 1899, Januarheft, II. T., S. 19.

Trotz dieser, während der letzten Jahrzehnte bedeutend gesteigerten Eisenproduktion genügt der jetzige Stand der russischen Eisenindustrie dem heimischen Bedarf noch lange nicht. Während Rufsland den gröfsten Teil seines Roheisenbedarfs selbst deckt, ist die Einfuhr von Schmiedeeisen in Stäben im beständigen Steigen begriffen. Die Neugründung vieler Fabriken, der zunehmende Verbrauch eiserner Geräte für die Landwirtschaft und hauptsächlich der Bau der sibirischen Bahn versprechen auch in Zukunft der deutschen Eisenindustrie einen reichen Absatz nach Rufsland.

Ebenso wie die Herabsetzung des Zolls auf Eisen von der gröfsten Bedeutung für unsern Eisenexport nach Rufsland war, hat auch die Herabsetzung des Zolls auf Maschinen aus Gufseisen und Schmiedeeisen von 1,70 auf 1,40 Rubel für das Pud eine sehr vorteilhafte Wirkung auf unsere Ausfuhr dieser Industrieerzeugnisse ausgeübt. Der Zoll von 1,20 Rubel im Jahre 1885 konnte allerdings nicht wiedererlangt werden. Für Lokomotiven wurde der Zoll von 2,00 auf 1,80 Rubel herabgesetzt, für Lokomobilen mit Ausnahme der Lokomobilen mit komplizierten Dreschmaschinen (1,40 auf 1,20 Rubel) von 1,70 auf 1,40 Rubel.

Es hat nach Tabelle III die Ausfuhr der gesamten Warengruppe, Instrumente, Maschinen und Fahrzeuge nach Rufsland ganz bedeutend zugenommen, nämlich von 13,1 Mill. Mk. im Jahre 1893 auf 41,2 Mill. Mk. im Jahre 1897. Nach Tabelle II und IV verzeichnen hauptsächlich Maschinen aus Gufseisen, aber auch Maschinen aus schmiedbarem Eisen[1] eine hervorragende Zunahme der Ausfuhr nach Rufsland. Bei Lokomotiven und Lokomobilen ist nach einer aufserordentlichen Zunahme der Ausfuhr im Jahre 1896 in den Jahren 1897 und 1898 wieder ein bedeutender Rückgang zu verzeichnen.

Auch die Ausfuhr von Nähmaschinen mit und ohne Gestell[2], die einen Vertragszoll von 1,40 Rubel gegen 1,70 Rubel im Jahre 1891 geniefsen, hat 1896—1898 in sehr befriedigender Weise zugenommen.

Eine gewaltige Zollherabsetzung fand für dynamo-elektrische Maschinen statt, nämlich von 4,80 auf 1,40 Rubel.

Im allgemeinen kann man die Entwicklung der russischen Maschinenindustrie keine besonders günstige nennen. Prof.

---

[1] Hier hat sich allein von 1897 bis 1898 die Ausfuhr nach dem Gewicht beinahe um das doppelte vermehrt:
1897: 39 660 dz,   1898: 77 030 dz.

[2] Ausfuhr von Nähmaschinen mit und ohne Gestell:

1893:	593 000 Mk.,	1897:	26 946 dz
1894:	948 000 „	1898:	26 119 „
1895:	1 443 000 „		
1896:	1 690 000 „		
1897:	3 175 000 „		

Chudjakow[1] führt als Ursachen für die gesamte Lage des russischen Maschinenbaus folgendes an:

1) Das teure Gußeisen. Den russischen mechanischen Fabriken kommt das Gußeisen $2-2\,1/_2$ mal teurer zu stehen als den Engländern.

2) Die mangelnde technische Bildung der russischen Fabrikleiter.

3) Die Abwesenheit einer Spezialisierung des Betriebs in fast sämtlichen Abteilungen des russischen Maschinenbaus. Es mangelte früher hauptsächlich an den Kapitalien, die für eine Spezialisierung des Betriebes nötig sind.

4) Die russischen Fabriken sind auf die ausländischen Maschinenbaumaterialien angewiesen. Es müssen manche Materialien schon deshalb aus dem Auslande eingeführt werden, weil man sie im Inlande in kurzer Zeit nicht erhalten kann.

Trotzdem aber hat sich die Maschinenbauindustrie noch ziemlich günstig entwickelt, indem sich in den Jahren 1875—1892 die Zahl der mechanischen Fabriken um das Fünffache vermehrte, die Zahl der Arbeiter von 41 000 auf 45 000 stieg, und die Zunahme der Gesamtproduktion mehr als 30 % betrug.

Seit dem Jahr 1892 ist kein bedeutender Fortschritt mehr in der Entwicklung der russischen Maschinenindustrie zu verzeichnen. Es wurden im Jahre 1894 ungefähr für 100 Mill. Mk. Maschinen und Apparate nach Rußland eingeführt; eine weitere Zunahme dieser Einfuhrwerte war noch 1895 und 1896 zu verzeichnen.

Die Einfuhr landwirtschaftlicher Maschinen nach Rußland wird noch dadurch besonders gefördert, daß die Kreislandschaftsverwaltungen (Zemstwos) in sehr vielen Städten Lager von landwirtschaftlichen Maschinen errichtet haben, die den russischen Landwirt dazu bestimmen sollen, sich die für eine intensivere Wirtschaft günstigen Maschinen anzuschaffen.

Von hoher Bedeutung für Deutschlands Ausfuhr ist weiter die Herabsetzung der Zollsätze für Steinkohle und Koks von 2 auf 1 bezw. von 3 auf 1 $1/_2$ Kopeken. Früher sah sich hauptsächlich die schlesische Steinkohlen- und Koksindustrie zu lebhaften Klagen darüber veranlaßt, daß der Zoll für Land- und Seegrenze ein verschiedener war.

Bis zum Jahre 1885 hatte Rußland überhaupt keinen Zoll auf die Einfuhr von Steinkohlen und Koks gelegt. Infolgedessen führte Deutschland 1880—1885 für durchschnittlich 3 Mill. Mk. Steinkohlen nach Rußland ein. Im Jahre 1885 wurde für Steinkohlen und Koks bei der Einfuhr über die westliche Landgrenze ein Satz von 1 $1/_2$ Kopeken, bei der Einfuhr über die baltischen Häfen ein solcher von $1/_2$ Kopeken festgesetzt. Der Zolltarif von 1891 brachte für Steinkohlen

---

[1] Siehe W. J. Kowalewski: Die Produktivkräfte Rußlands.

eine Zollerhöhung auf 2 bezw. 1 Kopeken und für Koks auf
3 bezw 1 ¹/₂ Kopeken.

Die Ausfuhr von Steinkohlen nach Rußland (s. Tabelle IV)
ging nun bedeutend zurück, bis die schon angeführte Zollherabsetzung im Vertragstarif dann stattfand. Seitdem ist die
Ausfuhr von Steinkohlen wieder erheblich gestiegen wie auch
die Ausfuhr von Koks sehr günstige Fortschritte machte.

Im Schlußprotokoll zum deutsch-russischen Handelsver-
trage hat sich Rußland die Erhöhung des Kohlenzolls vom
Jahre 1898 an vorbehalten, jedoch gleichmäßig für die Landgrenze und die baltischen Häfen.

Die russische Steinkohlengewinnung hat sicherlich sehr
bemerkenswerte Fortschritte gemacht. Es hat nach Kowalewski[1]
die Förderung der Steinkohle des Jahres 1893 um 264 Mill.
Pud die des Jahres 1880 übertroffen. Man gewann nämlich
1880 200 784 874 Pud und 1893 464 813 293 Pud. Es hat also
eine Zunahme um das 2 ¹/₂ fache stattgefunden.

Die Kohleneinfuhr nach Rußland hat aber trotzdem nicht ab-,
sondern noch zugenommen. Dieselbe betrug nach Kowalewski:

1889 . . . . 124 285 000 Pud.
1890 . . . . . . 94 164 000   „
1891 . . . . . . 94 171 000   „
1892 . . . . . . 87 780 000   „
1893 . . . . . . 104 714 000   „

Im Jahre 1893 wurden ca. 481 595 Pud Steinkohle aus
Rußland ausgeführt. Es betrug also der Verbrauch von Steinkohlen in Rußland im Jahre 1893 589 755 000 Pud oder
4,9 Pud pro Kopf, während man in England 250 Pud, in
Belgien 200, in den Vereinigten Staaten 150, in Deutschland 120 und in Frankreich 60 Pud Kohlenverbrauch auf den
Kopf rechnen konnte. Man kann also annehmen, daß der
Steinkohlenverbrauch in Rußland noch ganz bedeutend zu-
nehmen muß.

Eine Schätzung des gesamten gewinnbaren Kohlenvorrats
des reichhaltigsten russischen Kohlengebiets, des Donezbeckens,
ist von Nasse vorgenommen worden. Nasse schätzt diesen Vorrat auf ungefähr 10 Milliarden Tons, denjenigen in Russisch-
Polen auf ca. 7 Milliarden Tons. Dagegen schätzt man den
gewinnbaren deutschen Kohlenvorrat auf 109 Milliarden Tons,
den englischen auf 146 Milliarden Tons, den französischen auf
18 und den belgischen auf 14,7 Milliarden Tons.

Sofern Rußland seinen Zoll auf Steinkohle nicht stark
erhöht, dürfte wohl eine Steigerung unserer Ausfuhr auch in
künftigen Jahren zu erwarten sein.

Deutschland verzeichnete in den Jahren 1880—1883 eine
sehr starke Ausfuhr von H ä u t e n und F e l l e n v o n P e l z -

---

[1] Die Produktivkräfte Rußlands, S. 191.

tieren nach Rufsland, nämlich 8,7, 9,4, 8,5 und 8,2 Mill. Mk.
Die russischen Zollsätze des Jahres 1882 von 5,50 Rbl. für
Bisamfelle und von 15 Rbl. für Fuchsfelle wurden 1885 auf
6,60 bezw. 18 Rbl. erhöht. Dadurch mufste natürlich die
deutsche Ausfuhr stark leiden (siehe Tabelle IV).

Von grofser Bedeutung war daher die im Vertragstarif
gewährte Zollherabsetzung für Bisamfelle, die seit 1891 einen
Zoll von 18 Rbl. zu zahlen hatten, auf 6,60 Rbl. und für
Fuchsfelle von 18 auf 12 Rbl., wodurch man also noch unter
die Höhe des Zolltarifs von 1882 herabging.

Die Ausfuhr von Häuten und Fellen von Pelztieren, die
im Jahre 1893 nur noch 4,4 Mill. Mk. betrug, hob sich daher
sehr schnell wieder bis zu 6,7 Mill. Mk. im Jahre 1897.

Von grofser Wichtigkeit für die deutsche Ausfuhrindustrie
war die Herabsetzung der Zölle für gekämmte Wolle und
Kammgarn.

Es sagt die Denkschrift zum deutsch-russischen Handelsvertrag: „Unter den Gegenständen des deutschen Exports nach
Rufsland haben Kammzug (gekämmte Wolle) und Kammgarn
während einer Reihe von Jahren einen der ersten Plätze ein-
genommen. Aber seit den Jahren 1890 und 1891 ist ein Um-
schlag in dem Absatz der Wollkämmereien und Kammgarn-
spinnereien nach Rufsland infolge der Zollerhöhungen von 1889
und 1891 eingetreten."

Der Höhepunkt der Ausfuhr von gekämmter Wolle wurde
1890 mit einem Werte von 9,3 Mill. Mk. erreicht, fiel aber in
den folgenden Jahren bedeutend.

Der Zoll für gekämmte Wolle, ungefärbt und gefärbt,
wurde von 5,50 und 7 Rbl. auf 4,50 resp. 6 Rbl. herabgesetzt.
Im Jahre 1885 hatte er noch 3 und 4,50 Rbl. betragen.

Wir sehen aus Tabelle IV, dafs die Ausfuhr für gekämmte
Wolle, die im Jahre 1894 auf 2,0 Mill. Mk. zurückgegangen
war, sich in den Jahren 1895—1897 wieder wesentlich hob,
ohne aber die einstige Höhe von 9,3 Mill. Mk. auch nur annähernd wieder erreichen zu können.

Der Ausfuhrwert von Kammgarn nach Rufsland stand in
den Jahren 1885 und 1886 auf der ansehnlichen Höhe von
10,6 resp. 10,9 Mill. Mk., sank aber dann beständig bis zu
2,7 Mill. Mk. im Jahre 1893.

Der deutsch-russische Handelsvertrag brachte hier folgende Zollherabsetzungen:

		1891		1885	
Einfaches Kammgarn ungefärbt	8,50 anstatt	9,00	. .	7,50 Rubel
„ „ gefärbt	9,80	„	10,50	. .	9,00 „
Gezwirntes „ ungefärbt	9,80	„	10,50	. .	7,50 „
„ „ gefärbt	11,40	„	12,00	. .	9,00 „

Es stieg nun allerdings die Ausfuhr von Kammgarn wieder
bis auf 3,9 Mill. Mk. im Jahre 1897 und dürfte noch einen

bedeutend höheren Ausfuhrwert im Jahre 1898 erreicht haben
(1898 13454 dz gegen 7736 dz im Jahre 1897), aber blieb
damit doch weit unter den Ausfuhrwerten von 1885—1890.

Der Zoll auf Rohbaumwolle[1] wurde durch Reichsrats-
beschlufs vom 20. Dezember 1894 sehr stark erhöht, nämlich
von 1,40 auf 2,10 Rbl. für das Pud.

Prof. v. Schulze-Gaveernitz[2] nennt die russische Baumwollindustrie die kräftigste und den Bedürfnissen der Massen
gemäfseste russische Grofsindustrie. Auch Kowalewski sagt[3]:
„Die russische Baumwollindustrie befindet sich jetzt in einem
so blühenden Zustande, dafs sie nicht nur die ausländischen
Fabrikate von dem ungeheuren innern Werte fast völlig ver-
drängt hat, sondern auch die Ausfuhr ihrer Fabrikate nach
anderen Staaten mit jedem Jahre vermehrt."

Gegenwärtig ist aber nach Tabelle IV die deutsche Ausfuhr von Rohbaumwolle nach Rufsland noch eine sehr starke,
wenn auch die Aussichten für die Zukunft keine besonders
günstigen sein mögen.

Die Wollindustrie nimmt unter den Manufakturindustrien
Rufslands den zweiten Platz ein. Die Nachfrage auf dem
innern Markt ist aber noch bedeutend stärker als die heimische
Industrie ihn befriedigen kann.

Seit den neunziger Jahren hat sich nach Kowalewski zugleich mit der Entwicklung der Kammgarnspinnerei, ja ver-
hältnismäfsig schneller, auch die Kämmerei entwickelt, wenn
sie auch noch nicht im stande ist, den Bedarf der heimischen
Fabriken zu decken. Aus dem Auslande mufsten noch immer
gegen 100 000 Pud jährlich eingeführt werden.

Die Einfuhr von Kammgarngeweben[4] ist in den Jahren
1887—1894 gegen 1883—1886 jährlich im Mittel beinahe um
20 % zurückgeblieben. Es ist somit auch hier ein Sinken der
Einfuhr zu konstatieren als Folge der Entwicklung der heimischen Industrie.

Bis zum Jahre 1891 gingen N o t e n , K a r t e n und P l ä n e
zollfrei nach Rufsland ein. Durch den Tarif von 1891 wurden
sie jedoch mit einem Zoll von 4 Rubeln belegt, der dann
durch den Vertragstarif auf 3,20 Rubel ermäfsigt wurde. Gedruckte Bücher und Zeitschriften in fremden Sprachen blieben
zollfrei, während im Ausland gedruckte russische Bücher nach
dem Tarif von 1891 einen Zoll von 2 Rubeln zahlen müssen.
Es ist nach Tabelle IV in der Ausfuhr von Büchern, Karten

---

[1] So erwünscht auch eine russische Bindung oder Ermäfsigung des
Rohbaumwollzolls gewesen wäre, so war hier doch kein Zugeständnis
seitens Rufslands zu erreichen.
[2] Schmollers Jahrbuch 1896, Heft 4, S. 101.
[3] Die Produktivkräfte Rufslands, S. 217.
[4] Siehe Kowalewski, Die Produktivkräfte Rufslands, S. 232.

und Musikalien nach Rufsland ein beständiges Steigen bis zu 5,9 Mill. Mk. im Jahre 1897 zu verzeichnen.

Günstig war auch die Wirkung der Zollsätze des Vertragstarifs für Farbstoffe, hauptsächlich Alizarin, sowie Anilin und andere Theerfarbstoffe. Während der Zollsatz für diese Farbstoffe im Jahre 1885 15 Rubel betragen hatte, wurde im Vertragstarif der russische Zollsatz des Jahres 1891 von 17 auf 14 Rubel herabgesetzt, also ein niedrigerer Satz erreicht als in den 80er Jahren.

Die Ausfuhr von Alizarin ist ziemlich konstant geblieben, nur finden wir 1897, obgleich die Ausfuhrmenge bedeutend niedriger ist als 1896 (2455 gegen 3809 dz), plötzlich eine über dreifach höhere Wertangabe als im Jahre 1896. Diese ungewöhnliche Erhöhung der Wertangabe ist auf eine höhere Wertschätzung, nämlich 600 Mk. für 100 kg. im Jahre 1897 gegen 125 Mk. für 100 kg im Jahre 1896 zurückzuführen. Auch in der Denkschrift zum deutsch-russischen Handelsvertrag war schon die Vermutung ausgesprochen worden, dafs die Durchschnittswerte in der Statistik viel zu niedrig sowohl für Alizarin als für Anilin angenommen worden seien. Nach Annahme der Denkschrift hätte z. B. 1892 der Ausfuhrwert für Alizarin nicht 662 000 Mk., sondern 3 331 000 Mk., derjenige für Anilin nicht 2 528 000 Mk., sondern 3 370 660 Mk. betragen.

Einen sehr befriedigenden Fortgang hat nach Tabelle IV die Ausfuhr von Anilin und anderen Theerfarbstoffen nach Rufsland genommen.

Der Zoll für feine Lederarten betrug im Jahre 1882 9 Rbl., wurde 1885 auf 10,50 Rbl. und 1891 auf 15 Rbl. erhöht. Man hatte in Rufsland einen grofsen Aufschwung der Lederindustrie erwartet, der aber nicht eintrat, so dafs Rufsland fortdauernd gezwungen war, seinen Bedarf an feinen Lederarten durch Bezug aus dem Auslande zu decken. Deutschland brachte die im Vertragstarif gewährte Zollherabsetzung für Saffian, Glacé, Chevreau, Chagrin u. s. w. von 15 auf 12 Rbl., sowie für grobes lackiertes Leder von 8,50 auf 6,80 Rbl. grofsen Nutzen. Es steigerte sich z. B. die Ausfuhr von lackiertem, gefärbtem Leder, Handschuhleder und Corduan von 0,9 auf 2,3 Mill. Mk. in den Jahren 1883—1892 (siehe Tabelle IV).

Auch die Ausfuhr von Klavieren hat durch die Herabsetzung des Zolls von 80 auf 64 Rbl. für das Stück in sehr befriedigender Weise zugenommen (siehe Tabelle IV).

Bedeutend herabgesetzt wurde auch der Zoll auf elektrische Kabel aller Art, nämlich von 4 auf 2 Rbl., während der Zollsatz von 1882 1,65, derjenige von 1885 3 Rbl. betragen hatte. Aus Tabelle IV ersehen wir ein gewaltiges Steigen der Ausfuhr von Telegraphenkabeln hauptsächlich seit dem Jahre 1897.

Die nicht besonders in dem russischen allgemeinen Zolltarif vom 11. Juni 1891 genannten chemischen und pharmazeutischen Produkte wurden von 2,40 auf 1,50 Rbl.
herabgesetzt. Es wurde also ein niedrigerer Tarifsatz erreicht,
als ihn die Tarife von 1882 (2 Rbl.) und 1885 (2,40 Rbl.)
gewährt hatten. Eine günstige Fortentwicklung der Ausfuhr
von nicht besonders genannten chemischen Fabrikaten hat sich
daraus nach Tabelle IV ergeben.

Der Zoll für Zink in Blöcken und Bruchstücken
wurde von 50 auf 45 Kopeken herabgesetzt, womit also wieder
der Zollsatz des Jahres 1885 bewilligt wurde, und der Zoll
für Zinkblech wurde von 1 Rbl. auf 80 Kopeken herabgesetzt.
Eine sehr zufriedenstellende Ausfuhr von Zink wurde dadurch
nach Tabelle IV ermöglicht.

Für Fabrikate aus Kupfer und Kupferlegierungen
mit Relief- oder gravierten Verzierungen war der Zoll beständig
erhöht worden; von 3,30 Rbl. im Jahre 1882 auf 4 Rbl. im
Jahre 1885 und auf 16 Rbl. im Jahre 1891. Nachdem es im
Vertragstarif gelungen war, eine Herabsetzung des Zolls auf
13,60 Rbl. zu erreichen, stieg nach Tabelle IV die Ausfuhr
seit 1893 beständig.

Die Zollsätze für die Erzeugnisse der Leinen- und
Jute-Industrie waren beständig erhöht worden; von 0,17
Rubel im Jahre 1882 auf 0,20 Rubel im Jahre 1885 und endlich 0,50 Rubel im Jahre 1891. Das wirkte nahezu prohibitiv.
Durch den Handelsvertrag wurde nun wenigstens eine Zollermäßigung von 10 Kopeken erreicht, 0,40 Rubel an Stelle
von 0,50 Rubel.

Sowohl unsere Ausfuhr von baumwollener und leinener
Leibwäsche wie von Jute entwickelte sich nun sehr gut[1].

Aus dieser Zusammenstellung einer Anzahl unserer wichtigsten Exportartikel nach Rußland wird ersichtlich, daß die

---

[1] Ausfuhr von baumwollener u. leinener Leibwäsche:

1891:	63 000 Mk.,	1897:	1920 dz
1892:	43 000 „	1898:	3729 „
1893:	32 000 „		
1894:	150 000 „		
1895:	361 000 „		
1896:	813 000 „		
1897:	1 348 000 „		

Ausfuhr von Jute:

1891:	250 000 Mk.,	1897:	64 480 dz
1892:	364 000 „	1898:	80 755 „
1893:	992 000 „		
1894:	1 222 000 „		
1895:	1 064 000 „		
1896:	1 614 000 „		
1897:	1 644 000 „		

durch den deutsch-russischen Handelsvertrag von 1894 erlangten Zollermäfsigungen von weittragender Bedeutung für
eine zufriedenstellende, ja teilweise überraschend glänzende
Weiterentwicklung unserer Ausfuhr nach Rufsland gewesen
sind [1]. Aufser Roheisen hätte man allerdings der Ausfuhr von
gekämmter Wolle und Kammgarn eine bessere Entwicklung
wünschen können.

Aus Tabelle II bekommen wir auch eine teilweise An-
schauung darüber, dafs Deutschland durch seinen Vertragstarif unendlich viel günstigere Zollsätze erreicht hat als
Frankreich durch das Handelsabkommen von 1893. Entweder
unterliegen wichtige Artikel der französischen Industrie dem
hohen russischen Tarif von 1891 oder es sind Zollermäfsigungen
eingetreten, aber bei weitem nicht in dem Mafse wie für Deutschland. So sind im französich-russischen Abkommen z. B. die
Zollsätze für Maschinen aus Gufs- und Schmiedeeisen, für
Steinkohlen, für feine Lederarten, lackiertes Leder, chemische
Fabrikate u. s. w. doch noch viel höher geblieben als die
entsprechenden Zollsätze des deutsch-russischen Vertragstarifs.
Siehe Tabelle II.

Stellen wir nun noch eine Anzahl von Ausfuhrartikeln
zusammen, für die durch den Vertragtarif keine Zollermäfsigung stattgefunden hat, die also dem russischen Tarif von
1891 unterliegen. Wir lassen dieselben nach der Höhe der
Ausfuhrwerte im Jahre 1897 folgen. Siehe Tabelle IV.

	1897	1893	1890	1885
		Millionen Mark		
Baumwolle [2], rohe	5,9	1,6	4,3	3,7
Schafwolle, rohe	4,7	6,2	2,8	6,8
Mehl aus Getreide	4,5	5,0	0,1	0,1
Rindshäute, grüne und gesalzene	4,4	2,9	4,6	0,3
Cellulose und Faserstoffe. . . .	2,8	0,2	0,3	0,4
Kupfer, rohes	1,9	3,1	1,4	0,7

Ein Blick auf diese Zusammenstellung sowie auf die Gesamtzahlen in Tabelle IV zeigt uns, dafs die Entwicklung der
Ausfuhr seit 1893 bei der Mehrzahl dieser Waren eine nicht
besonders günstige oder geradezu eine ungünstige zu nennen
ist. Zum gröfseren Teile sind es allerdings Artikel, für die
in Rufsland selbst die günstigsten Produktionsbedingungen
vorhanden sind. So hätte vielleicht selbst eine Zollermäfsigung
hier keine wesentliche Steigerung unserer Ausfuhr herbeizuführen vermocht.

---

[1] Siehe die Zusammenstellung unserer Ausfuhrwerte in den Jahren
1885, 1890, 1893 und 1897 in Tabelle II.
[2] Für Rohbaumwolle hat sogar noch eine Zollerhöhung im Dezember
1894, wie wir schon erwähnt haben, stattgefunden.

Das Gesamtbild, welches wir bei einer eingehenden Betrachtung sowohl der Ausfuhr unserer wichtigsten Warengruppen (siehe Tabelle III) wie der Ausfuhr unserer wichtigsten Warengattungen (siehe Tabelle IV) erhalten, ist jedenfalls ein sehr günstiges.

In den Jahren 1885—1890 konnte man ein fast stetiges Fortschreiten unseres Exports feststellen. Aber fast ununterbrochene russische Zollerhöhungen, der ungemein schutzzöllnerische Zolltarif vom 11. Juni 1891, sowie der Ausbruch des Zollkriegs am 1. August 1893 erschwerten natürlich den deutschen Warenexport nach Rußland im höchsten Grade. Mit Abschluß jedoch des deutsch-russischen Handelsvertrags von 1894 findet wieder ein sehr starker, zum Teil ungeahnter oder wenigstens nicht in dem Maße erhoffter Aufschwung unserer Warenausfuhr nach Rußland statt.

Deutschlands Zugeständnisse.

Deutschlands Hauptzugeständnis an Rufsland war das Recht der Meistbegünstigung für die russische Getreideeinfuhr. Das war es ja auch, was Rufsland vor allem verlangt hatte. Es war für unseren östlichen Nachbar von der höchsten Wichtigkeit, hauptsächlich für die Produkte seiner Land- und Forstwirtschaft dieselben Zollbegünstigungen zu geniefsen wie die übrigen Staaten, mit welchen Deutschland Handelsverträge abgeschlossen hatte.

Eine Zusammenstellung unserer Gesamteinfuhr aus Rufsland mit der Einfuhr von Getreide und anderen Erzeugnissen des Landbaus und der Einfuhr von Holz u. s. w. von 1885 bis 1893 beweist das hervorragende Interesse, welches Rufsland an einer Ermäfsigung der deutschen Zollsätze für diese Waren haben mufste. Die Zahlen von 1894—1897 zeigen, wie vorteilhaft der Vertragsabschlufs für eine glänzende Weiterentwicklung der russischen Gesamtausfuhr sowohl wie für die Ausfuhr der Erzeugnisse der Land- und Forstwirtschaft — für letztere allerdings in geringerem Mafse — gewesen ist.

Es sind die Zahlen dieser Einfuhrwerte im Specialhandel aus Rufsland folgende:

Gesamteinfuhr		Einfuhr von Getreide u. s. w.		Einfuhr von Holz u. s. w.	
	Mill. Mk.	Mill. Mk.	%	Mill. Mk.	%
1885:	344,5	130,1 =	37,7	47,3 =	13,8
1886:	264,4	76,4 =	28,8	33,0 =	12,6
1887:	362,3	108,9 =	30,0	47,4 =	13,0
1888:	456,5	112,9 =	24,8	52,2 =	11,4
1889:	551,8	239,0 =	43,3	69,3 =	12,6
1890:	541,9	236,6 =	43,7	72,6 =	13,4
1891:	580,4	296,6 =	51,1	61,8 =	10,7
1892:	383,4	109,4 =	28,5	76,1 =	19,9
1893:	353,4	64,1 =	18,1	79,2 =	22,4
1894:	543,9	187,5 =	34,5	54,2 =	10,0
1895:	568,8	260,7 =	45,8	66,9 =	11,8
1896:	634,7	304,6 =	48,0	79,9 =	12,6
1897:	708,3	311,6 =	44,0	107,1 =	15,1

Aufserdem fand noch die Bindung einer Anzahl von Ver-
tragszollsätzen und dann noch die Bindung einiger autonomen
Tarifpositionen statt. Unter diesen Positionen hat Rufsland
nur für Kaviar und Kaviarsurrogate ein hervorragendes Export-
interesse. Nach Tabelle VI hat sich auch die Ausfuhr von
Kaviar und Kaviarsurrogaten für Rufsland günstig entwickelt.

Sowohl aus der Zusammenstellung der Einfuhr der wichtigsten Warengruppen aus Rufsland (siehe Tabelle V) als aus
derjenigen der wichtigsten Warengattungen (siehe Tabelle VI)
sehen wir, dafs fast sämtliche Einfuhrartikel aus Rufsland
Erzeugnisse des Landbaues sind oder mit der Landwirtschaft und Bodenkultur unmittelbar zusammenhängen. Nur die
Waren aus Kautschuk und Guttapercha machen hier eine
Ausnahme. Eine Ausfuhr von Erzeugnissen der russischen
Industrie nach Deutschland findet sonst fast gar nicht statt.

Das allgemeine Bild der Ausfuhr nach Deutschland ist
ein für Rufsland sicher sehr günstiges.

Aus den Tabellen V und VI ergiebt sich, dafs die russische
Ausfuhr nach Deutschland in den hauptsächlichsten Warengruppen und Warengattungen ganz bedeutend zugenommen
hat. Eine Ausnahme macht hier nur die Warengruppe:
„Flachs, Hanf, Heede u. s. w.", und dementsprechend die
Warengattungen „Flachs, aufser neuseeländischem" und „Hanf,
aufser Manillahanf". Bei Flachs betrug unsere Einfuhr aus
Rufsland im Jahre 1893 noch 35,7 Mill. Mk. und ist bis 1897
auf 24,3 Mill. Mk. zurückgegangen. Während der 80er Jahre
hatten wir eine sehr starke Hanfeinfuhr aus Rufsland. Im
Jahre 1889 betrug dieselbe z. B. 28,0 Mill. Mk. Im Jahre
1893 war dieselbe auf 15,8 und 1897 auf 13,6 Mill. Mk. gesunken.

Deutschlands und Rufslands Handelsverkehr.

Im vorhergehenden Kapitel haben wir schon die Zahlen für unsere Gesamteinfuhr im Specialhandel aus Rufsland für die Jahre 1885—1897 angegeben. Ergänzen wir jetzt dieselben durch die Jahre 1880—1884 und stellen wir Deutschlands Ausfuhrwerte im Specialhandel nach Rufsland gegenüber [1]:

Einfuhr aus Rufsland: 1000 Mark		Ausfuhr nach Rufsland: 1000 Mark	
1880 :	336 667 (335 733)	227 022	(213 330)
1881 :	336 354 (333 181)	192 345	(183 179)
1882 :	391 015 (390 708)	199 595	(192 654)
1883 :	410 587 (410 130)	190 000	(184 031)
1884 :	413 791 (413 510)	169 361	(161 476)
1885 :	344 531 (344 060)	150 874	(144 090)
1886 :	264 403 (264 184)	147 813	(137 587)
1887 :	362 277 (335 595)	131 510	(124 652)
1888 :	456 492 (369 046)	199 626	(140 359)
1889 :	551 797 (520 131)	196 899	(174 210)
1890 :	541 887 (522 799)	206 457	(183 719)
1891 :	580 396 (578 701)	262 605	(145 336)
1892 :	383 386 (381 741)	239 485	(129 778)
1893 :	353 441 (352 433)	184 595	(135 517)
1894 :	543 938 (439 310)	194 806	(170 558)
1895 :	568 795 (567 863)	220 881	(207 771)
1896 :	634 671 (628 201)	364 142	(231 594)
1897 :	708 319 (706 620)	372 064	(267 680)

Zweierlei erkennen wir durch die Gegenüberstellung der Einfuhr aus Rufsland und der Ausfuhr nach Rufsland, nämlich dafs:

[1] Durch die Zahlen der Gesamteinfuhr im Specialhandel nach Deutschland ebenso wie für die Ausfuhr nach Rufsland erhalten wir kein Bild unseres reinen Warenverkehrs mit Rufsland, da in den Gesamtzahlen der Edelmetallverkehr zwischen den beiden Reichen enthalten ist. Wir haben daher den Edelmetallverkehr ausgeschieden und die dadurch erhaltenen Zahlen in Klammern neben die Gesamtzahlen der Einfuhr und Ausfuhr gesetzt. Die eingeklammerten Zahlen bedeuten also den reinen Warenverkehr zwischen Deutschland und Rufsland.

4*

1) die russische Einfuhr durchgängig bedeutend stärker ist als die deutsche Ausfuhr, und

2) die deutsche Edelmetallausfuhr nach Rufsland fast durchgängig bedeutend höher ist als die russische Edelmetalleinfuhr nach Deutschland.

Der Umstand, dafs die russische Einfuhr beständig stärker ist als die deutsche Ausfuhr nach Rufsland, findet seine naturgemäfse Erklärung in der wirtschaftlichen Lage der beiden Reiche. Rufsland ist ein kapitalarmes, Deutschland ein kapitalreiches Land. Es mufs Rufsland, das in Deutschland starke Anleihen aufgenommen hat, jährlich hohe Summen an Schuldzinsen zahlen, und das thut es nun zum grofsen Teile dadurch, dafs es Waren liefert. Wären die russische Einfuhr und Ausfuhr im Handelsverkehr mit Deutschland ungefähr gleich, so wäre dies für Rufsland äufserst ungünstig, da dieses Reich seine Schuldzinsen dann noch besonders zahlen müfste; ein ähnliches Verhältnis auch anderen Handelsstaaten gegenüber müfste Rufsland bald zum Bankerott führen.

Das starke Überwiegen unserer Edelmetallausfuhr nach Rufsland über unsere Edelmetalleinfuhr von dort erklärt sich aus Rufslands Münzpolitik, die bestrebt ist, möglichst viel Edelmetall in das Land zu ziehen, um hauptsächlich den schon seit Jahren geplanten Übergang zur Goldwährung zu ermöglichen.

In dem Zeitabschnitt 1880—1897 ist nur in den Jahren 1887—1889 und im Jahre 1894 unsere Edelmetalleinfuhr aus Rufsland stärker gewesen als unsere Edelmetallausfuhr nach Rufsland. Einen besonders starken Abflufs von Gold und Silber nach Rufsland zeigen die Jahre 1891, 1892, 1896 und 1897.

Es sind die Zahlen für den Edelmetallverkehr zwischen Deutschland und Rufsland für die Jahre 1890—1897 folgende:

Edelmetallausfuhr nach Rufsland:	Edelmetalleinfuhr aus Rufsland:
1890: 22,7 Mill. Mk.	19,1 Mill. Mk.
1891: 117,6 „ „	1,7 „ „
1892: 109,7 „ „	1,6 „ „
1893: 49,1 „ „	1,0 „ „
1894: 24,2 „ „	104,6 „ „
1895: 13,1 „ „	0,9 „ „
1896: 132,5 „ „	6,5 „ „
1897: 104,4 „ „	1,7 „ „

Stellen wir diesen Zahlen die Zahlen der Gesamtedelmetallausfuhr und -Einfuhr Deutschlands gegenüber, so zeigt es sich, dafs Rufslands Anteil an unserer Edelmetallausfuhr ein sehr bedeutender ist:

Gesamtedelmetallausfuhr Deutschlands:			Gesamtedelmetalleinfuhr Deutschlands:		
1890:	83,0	Mill. Mk.	127,3	Mill.	Mk.
1891:	164,2	„ „	252,6	„	„
1892:	196,0	„ „	208,4	„	„
1893:	152,6	„ „	172,3	„	„
1894:	90,0	„ „	374,3	„	„
1895:	106,2	„ „	125,4	„	„
1896:	228,7	„ „	250,8	„	„
1897:	151,3	„ „	183,9	„	„

Wir erkennen aus dieser Zusammenstellung aber auch, daß unsere Gesamtedelmetalleinfuhr während der Jahre 1890 bis 1897 durchweg eine erheblich höhere ist als unsere Gesamtedelmetallausfuhr.

Um nun zu sehen, welchen Platz Rußlands Handel mit Deutschland im internationalen Handel des deutschen Zollgebiets einnimmt, stellen wir die vier am hervorragendsten an Deutschlands Handel beteiligten Staaten, zu denen auch Rußland zählt[1], zusammen. Da es uns hauptsächlich auf den reinen Warenverkehr ankommt, so müssen wir bei den einzelnen Ländern den Edelmetallverkehr aus den Zahlen des Spezialhandels ausscheiden.

Es ergibt sich dann, daß nach Tabelle VII Rußland in der Einfuhr des deutschen Zollgebiets mit 15,09 % im Jahre 1897 an erster Stelle steht, dagegen für die Ausfuhr des deutschen Zollgebiets im Jahre 1897 sich mit 7,4 % erst an vierter Stelle findet.

Die erste Stelle in der Einfuhr nach Deutschland behauptet Rußland schon seit dem Jahre 1895. Im Jahre 1894 stand Österreich-Ungarn an erster Stelle, 1893 dagegen Großbritannien, während 1891 und 1892 wieder Österreich-Ungarn den ersten Platz behauptete. Im Jahre 1897 steht also, wie schon gesagt, Rußland mit 15,09 % an erster Stelle für die Einfuhr nach Deutschland; es folgen die Vereinigten Staaten mit 13,9 %, Österreich-Ungarn mit 12,5 % und Großbritannien mit 12,1 %.

Diese Reihenfolge verschiebt sich wesentlich, wenn wir den Spezialhandel überhaupt (also mit Einschluß des Edelmetallverkehrs) nehmen. Es macht sich dann die bedeutende Edelmetalleinfuhr aus Großbritannien stark geltend. Infolgedessen bleibt dann zwar Rußland mit 14,6 % des Gesamtwertes unserer Einfuhr an der Spitze, es erlangt aber Großbritannien mit 13,6 % den zweiten, die Vereinigten Staaten mit 13,5 % den dritten und Österreich-Ungarn mit 12,3 % den vierten Platz. In den Jahren 1890—1896 finden wir dagegen durchweg Großbritannien an erster Stelle, s. Tabelle VIII.

---

[1] Also Rußland, die Vereinigten Staaten, Österreich-Ungarn und Großbritannien.

Wie sich Rufsland im Jahre 1897 für die Ausfuhr im reinen Warenverkehr des deutschen Zollgebiets erst an vierter Stelle findet mit 7,4 % (siehe Tabelle VII), so steht es auch während der Jahre 1890—1896 beständig hinter den drei übrigen Staaten zurück. Während aber der prozentuale Anteil dieser Staaten an Deutschlands Ausfuhr leicht zurückgegangen ist, hat sich Rufslands Anteil in den Jahren 1893—1897 bedeutend gehoben (von 4,3 auf 7,4 %).

Wesentlich günstiger gestaltet sich Rufslands Anteil an Deutschlands Ausfuhr, wenn wir nach Tabelle VIII die Edelmetallausfuhr mit einrechnen. Es verbleibt zwar Rufsland an vierter Stelle, aber die Abstände werden viel geringere. Im Jahre 1897 z. B. beträgt hier Rufslands Anteil 9,8 %, während Grofsbritannien mit 18,5 % an erster, Österreich-Ungarn mit 11,5 % an zweiter, die Vereinigten Staaten mit 10,5 % an dritter Stelle stehen. Nach Tabelle VII (reiner Warenverkehr) ergeben sich dagegen die weiteren Abstände: 1) Grofsbritannien mit 19,2 %, 2) Österreich-Ungarn mit 11,1 %, 3) die Vereinigten Staaten mit 10,5 % und 4) Rufsland mit 7,4 %.

Die russische Statistik.

Vergleichen wir die Zahlen der russischen Export- und Importstatistik mit derjenigen der übrigen Staaten, so finden wir, dafs sich sehr bedeutende Abweichungen ergeben.

Die russische Statistik gibt für den Export in der Regel viel niedrigere Zahlen, für den Import dagegen viel höhere Zahlen an als diejenigen Länder, die aus Rufsland importieren bezw. dorthin exportieren. Als Beleg für diese Behauptung geben wir einige dem Bulletin russe de statistique financière[1] entnommene Zahlen. Es handelt sich hier um eine Darstellung des russischen Aufsenhandels. Die russische Ausfuhr und Einfuhr sind nach den Statistiken der in Betracht kommenden Länder zusammengestellt. Die aus diesen verschiedenen Statistiken sich ergebende Gesamtsumme der russischen Ausfuhr und Einfuhr ist dann verglichen mit der Gesamtsumme der Ausfuhr und Einfuhr nach der russischen Statistik.

Dadurch erhalten wir folgende Zahlen:

Im Durchschnitt der Jahre 1889—1893

	Export:	Import:
	Millionen Goldrubel	
Gesamtsumme nach der Statistik der einzelnen Länder . . .	509,8	150,2
Gesamtsumme nach der russischen Statistik	396,1	253,5

Die russische Statistik verzeichnet also für den Export im Durchschnitt der Jahre 1889—1893 113,7 Mill. Goldrubel weniger, dagegen für den Import 103,3 Mill. Goldrubel mehr als die andern Staaten.

Für das Jahr 1894 finden sich folgende Zahlen:

	Export:	Import:
	Millionen Goldrubel	
Gesamtsumme nach der Statistik der einzelnen Länder . . .	597,4	192,9
Gesamtsumme nach der russischen Statistik	381,7	332,3

[1] Jahrgang 1896, S. 604/5.

Nach der russischen Statistik ergeben sich also für das Jahr 1894 für den Export 215,7 Mill. Goldrubel weniger, dagegen für den Import 139,4 Mill. Goldrubel mehr als nach der Statistik der übrigen Länder. Die Abweichungen sind hier also noch stärker als diejenigen für den Durchschnitt der Jahre 1889--1893.

Das in Rußland übliche Deklarationssystem mag als teilweise Erklärung für diese so auffallend starken Abweichungen dienen.

Bei der Einfuhr dienen als Grundlage für die Wertberechnungen der Waren die von den Importeuren auf ihre Deklarationen geschriebenen Wertangaben. Nur dann, wenn den diese Angaben entgegennehmenden Beamten die Angaben ungenau erscheinen, sollen dieselben den Wert beischreiben, welchen die Ware wohl bei der Überführung über die Grenze hatte, d. h. den Einkaufspreis plus Transportkosten, aber ohne den Zoll. Diese Beamten informieren sich zu diesem Zwecke über die heimischen Marktpreise und die Preise der nächsten Börsen.

Die Mängel dieses Systems leuchten ein, wenn man dasselbe mit dem z. B. in Deutschland üblichen vergleicht. Bei uns wird bekanntlich eine Kommission von Sachverständigen alljährlich einberufen, welche die Einheitswerte der einzelnen Warengattungen festsetzt. Als Grundlage[1] für die Festsetzung der Einheitswerte dienen die von verschiedenen deutschen Handelskörperschaften oder einzelnen Industriellen mitgeteilten Jahresdurchschnittspreise einzelner Warengattungen, die für eine Reihe hervorragender Handelsgüter regelmäßig gelieferten monatlichen Preisangaben einer Anzahl von Handelskammern, ferner eine Zusammenstellung der vom hamburgischen handelsstatistischen Bureau für die Handels- und Schiffahrtsstatistik des hamburgischen Freihafengebiets berechneten Durchschnittspreise, besondere Erhebungen des K. Statistischen Amtes über einzelne Waren u. s. w.

Auch bei der Ausfuhr überläßt die russische Statistik die Wertangaben den ausführenden Kaufleuten. Aber die Beamten bemühen sich, daß diese Angaben mit den Lokalpreisen möglichst übereinstimmen mit Hinzurechnung der Transportkosten nach der Grenze und der Ausfuhrzölle, aber nach Abzug der Accise, die beim Export vergütet wird. Die betreffenden Beamten werden dadurch um so mehr an der richtigen Wertangabe der Waren interessiert, als sie einen gewissen Prozentsatz als Abgabe an das Bureau erhalten.

---

[1] Nach Angabe der vom Kaiserlich Statistischen Amt herausgegebenen Statistik des Auswärtigen Handels des deutschen Zollgebiets.

Aus dieser letzteren Bestimmung kann man wohl mit
Recht schliefsen, dafs die Kaufleute nun naturgemäfs das
Bestreben haben werden, möglichst niedrige Wertangaben
zu liefern, um an Abgaben an das Bureau möglichst zu
sparen.

Das „Bulletin russe de statistique financière"[1] stellt nun
über die Wertangaben bei der russischen Einfuhr und Ausfuhr
folgende Betrachtung an:

Das professionelle Geheimnis des Wertes der Waren
scheine in Rufsland eifriger gewahrt zu werden als in irgend
einem anderen Lande. Es kämen die gröfsten Unwahrschein-
lichkeiten vor. Im Jahre 1894 habe das Bulletin russe z. B.
entdeckt, dafs Eisenbahnschienen per Tonne zu 556,50 Frcs.
deklariert wurden, während man auf der Rhede von Kron-
stadt Millionen von Tonnen zu je 110 Fcs. hätte erhalten
können.

In seiner Betrachtung kommt das Bulletin russe zu dem
Schlufs, dafs die Mehrdeklarationen bei der russischen Einfuhr
auf 20 % geschätzt werden können. Es hätte also der russische
Import im Jahre 1894 nicht 559 1/2 Mill. Kreditrubel betragen,
sondern im höchsten Falle 448 Mill. Kreditrubel.

Beim Export kämen nicht in demselben Mafse Unwahr-
scheinlichkeiten der Erklärung vor, es herrsche aber im allgemeinen das Bestreben, einen niederern Wert der Waren an-
zugeben, als sie in Wirklichkeit besäfsen.

Einen Grund für diese Minderdeklarationen der Kaufleute
glauben wir, wie schon erwähnt, in dem Umstande zu erblicken, dafs ein gewisser Prozentsatz des Warenwertes als
Abgabe an das Zollbureau gezahlt werden mufs.

Für die ungewöhnlich hohen Wertangaben beim Import
nach Rufsland dürfte vielleicht ein Grund darin zu finden
sein, dafs die betreffenden Importeure durch eine möglichst
hohe Wertdeklaration ihrer Güter sich nun sofort ein Anrecht
darauf sichern wollen, auch sehr hohe Preise beim Absatz
ihrer Waren im Innern Rufslands verlangen zu können.

Als Erläuterung dafür, welch' bedeutende, zum Teil
kaum glaubliche Differenzen zwischen den offiziellen Wertangaben in Rufsland und Deutschland bestehen, möge folgende, dem Bulletin russe, Jahrgang 1897, entnommene
Tabelle dienen.

---

[1] „La balance du commerce", Jahrgang 1897, S. 6.

1894.

Russische Ausfuhr:

Warengattung	Ausfuhrmenge in Doppelcentnern	Wertangabe für den Doppelcentner nach der	
		deutschen Fcs.	russ. Statistik Fcs.
Weizen	2 805 940	11,96	13,26
Roggen	5 334 490	10,25	8,91
Hafer	2 921 900	10,99	11,31
Gerste	5 303 920	8,89	7,71
Mais	1 091 000	9,51	10,54
Flachs	498 970	86,34	99,74
Hanf	307 690	64,20	87,88

Deutsche Ausfuhr:

Stabeisen	844 650	12,86	27,50
Steinkohlen . . .	1 879 910	0,92	1,18
Rohbaumwolle . .	28 150	87,81	162,25
Maschinen aus Guſs- eisen	196 530	69,09	158,76
Eisenbahnschienen .	72 100	10,27	55,65
Zink	53 030	38,48	66,39

Daſs bei Zugrundeliegen derartig verschiedener Wertangaben die Zahlen der russischen und deutschen Ein- und
Ausfuhrstatistik weit auseinander gehen müssen, liegt auf
der Hand.

Es kommt jedoch bezüglich der russischen Ausfuhrstatistik
noch ein Umstand hinzu, der für eine Erklärung der groſsen
Abweichungen der russischen von den deutschen Zahlen von
der höchsten Bedeutung ist. Es ist dies die Thatsache, daſs
man in Ruſsland in den meisten Fällen gar nicht wissen kann,
wohin die zur Ausfuhr gelangenden Getreidemengen gehen.
Selbst den betreffenden Exporteuren ist dieses Endziel meist
nicht bekannt.

Vergleichen wir die Zahlen der russischen Gesamtausfuhr
nach Deutschland in den Jahren 1893—1897 mit den Zahlen
der deutschen Einfuhr aus Ruſsland[1]. Es betrug nach der

	Russischen Statistik die Ausfuhr nach Deutschland:	Deutschen Statistik die Einfuhr aus Ruſsland: (Gesamteigenhandel)
1893 :	132 580 000 Rubel[2] = 281,1 Mill. Mk.	424,5 Mill. Mk.
1894 :	146 142 000 „ = 320,1 „ „	612,6 „ „
1895 :	179 276 000 „ = 392,2 „ „	633,7 „ „
1896 :	185 368 000 „ = 400,4 „ „	722,1 „ „
1897 :	175 237 000 „ = 378,6 „ „	797,6 „ „

[1] Da die russische Statistik genaue Unterscheidungen, wie sie
Deutschland bezüglich des Gesamteigenhandels und des Specialhandels
macht, nicht kennt, stellen wir der russischen Ausfuhr die Zahlen
unseres Gesamteigenhandels gegenüber.

[2] Den Durchschnittsrubelkurs nehmen wir an 1893 zu 2,12 Mk.,
1894 zu 2,19 Mk., 1895 zu 2,19 Mk., 1896 zu 2,16 Mk. und 1897 zu
2,16 Mk.

Es gibt also die russische Statistik durchweg erheblich geringere Ausfuhrziffern an, als die deutsche Einfuhr verzeichnet. Nach den aufgeführten Zahlen sind die Differenzen folgende:

1893: 143,4 Mill. Mk.
1894: 292,5 „ „
1895: 241,5 „ „
1896: 321,7 „ „
1897: 419,0 „ „

Diesen enormen Abweichungen liegen in der Hauptsache weniger abweichende Wertdeklarationen zu grunde, als der Umstand, dafs überhaupt die in der russischen Statistik angegebenen Ausfuhrmengen sehr viel niedrigere sind als die in deutschen Statistik aufgeführten Einfuhrmengen.

Stellen wir z. B. die drei Jahre 1895, 1896 und 1897 gegenüber. Es verzeichnet hier die russische Statistik folgende Ausfuhrmengen der Hauptgetreidearten, mit denen wir die Einfuhrmengen der deutschen Statistik vergleichen:

Russische Statistik. Ausfuhr nach Deutschland:				Deutsche Statistik. Einfuhr aus Rufsland:
	1895			1895
Weizen	17 985 000 Pud	=	2 948 350 dz	6 782 029 dz
Roggen	29 978 000 „	=	4 913 770 „	8 419 736 „
Gerste	21 151 000 „	=	3 476 370 „	6 194 496 „
Hafer	6 180 000 „	=	1 012 120 „	2 254 341 „
	1896			1896
Weizen	14 725 000 Pud	=	2 413 930 dz	8 524 648 dz
Roggen	30 186 000 „	=	4 948 520 „	7 879 708 „
Gerste	19 103 000 „	=	3 131 640 „	5 003 440 „
Hafer	10 873 000 „	=	1 782 420 „	4 246 345 „
	1897			1897
Weizen	16 812 000 Pud	=	2 756 060 dz	7 519 069 dz
Roggen	22 468 000 „	=	3 673 440 „	6 107 410 „
Gerste	16 941 000 „	=	2 777 210 „	4 879 741 „
Hafer	9 370 000 „	=	1 536 060 „	4 142 383 „

Es ist klar, dafs bei den zwei- bis vierfach höheren Einfuhrmengen der deutschen Statistik, die wir durchweg während der Jahre 1895—1897 für die Hauptgetreidearten finden, unmöglich die wirklichen Ausfuhrmengen nach Deutschland in der russischen Statistik verzeichnet sein können.

Es führte Rufsland z. B. im Jahre 1896 nach den Niederlanden aus:

Weizen 33 037 000 Pud = 5 415 900 dz
Roggen 17 631 000 „ = 2 890 327 „
Gerste 9 969 000 „ = 1 634 260 „
Hafer 17 507 000 „ = 2 870 000 „

Klar ist es, dafs die Niederlande solche Getreidemassen nie für den eigenen Konsum brauchten.

Deutschland· erhielt auch im Jahre 1896 aus dem freien
Verkehr der Niederlande folgende Getreidemassen:

Weizen 7 312 458 dz
Roggen 3 064 407 „
Gerste 1 746 876 „
Hafer   2 835 165 „

Unter diesen Millionen von Doppelzentnern, die durch die
Niederlande nach Deutschland durchgeführt wurden, dürfte
wohl neben amerikanischem, rumänischem u. s. w. Getreide
eine beträchtliche Menge russischen Getreides enthalten gewesen sein.

Rechnen wir nun noch hinzu, dafs grofse Mengen russischen Getreides alljährlich nach dem Freihafen Hamburg
ausgeführt werden, die denn auch zum grofsen Teile die Elbe
hinauf u. s. w. in das Innere Deutschlands überführt werden,
so werden die grofsen Differenzen zwischen der russischen
Ausfuhr- und der deutschen Einfuhrstatistik mehr und mehr
erklärlich.

Ein Teil des russischen Getreides geht über unsere Ostgrenze direkt nach Deutschland. Diese Mengen finden wir
in der russischen Statistik als Ausfuhr nach Deutschland verzeichnet. Der gröfsere Teil des russischen Getreides kommt
aber auf den Weltmarkt und wird irgendwo auf dem Seewege
z. B. über die Niederlande, über Belgien, über den Freihafen
Hamburg u. s. w. nach Deutschland schliefslich eingeführt.
Diese Getreidemassen finden wir in unserer Einfuhrstatistik
verzeichnet, in der russischen Ausfuhrstatistik sind aber ganz
andere Bestimmungsländer für dieselben angegeben als
Deutschland.

Wie nun die russische Ausfuhrstatistik viel geringere
Werte und Mengen angiebt als die deutsche, so finden wir bei
der Einfuhr aus Deutschland zum Teil ganz bedeutend höhere
Wertangaben in der russischen Statistik als in der deutschen.

Es gibt eine Zusammenstellung der russischen Gesamteinfuhr aus Deutschland nach der russischen und deutschen
Statistik für die Jahre 1893—1897 folgendes Bild:

	Russische Statistik. Einfuhr aus Deutschland:		Deutsche Statistik. Ausfuhr nach Rufsland: (Gesamteigenhandel)
1893:	101 180 000 Rubel	= 214,5 Mill. Mk.	204,4 Mill. Mk.
1894:	142 685 000 „	= 312,5 „ „	217,4 „ „
1895:	175 647 000 „	= 384,7 „ „	251,8 „ „
1896:	190 162 000 „	= 410,7 „ „	395,5 „ „
1897:	179 800 000 „	= 388,4 „ „	372,0 „ „

Es verzeichnet also die russische Statistik folgendes „Mehr"
der Einfuhr aus Deutschland gegen die deutsche Statistik für
die einzelnen Jahre:

1893 :   10,1 Mill. Mk.
1894 :   99,7   „   „
1895 :   132,9   „   „
1896 :   15,2   „   „
1897 :   16,4   „   „

Wir sehen, dafs hier die Differenzen bei weitem nicht so grofs sind als bei der Ausfuhr aus Rufsland. Hauptsächlich zeigen die letzten Jahre eine gröfsere Übereinstimmung der Statistiken der beiden Reiche. Im allgemeinen kann man sagen, dafs die Höhe der Einfuhr m e n g e n nach der russischen Statistik und diejenige der Ausfuhr nach der deutschen Statistik nicht sehr weit auseinandergehen. Eine Übereinstimmung würde sich schon wegen der nicht zusammenfallenden Kalenderjahre des Gregorianischen und des Julianischen Kalenders nicht herbeiführen lassen. Dieser Unterschied von zwölf Tagen kann eventuell schon sehr starke Unterschiede in den Mengenangaben der deutschen und russischen Ein- und Ausfuhrstatistik herbeiführen.

Nehmen wir an, dafs gegenwärtig noch viel aus Deutschland nach Rufsland geschmuggelt wird, so würde dieser Umstand allerdings mehr dafür sprechen, dafs die russische Einfuhrstatistik nicht höher, sondern im Gegenteil niedriger sein müfste als die deutsche Ausfuhrstatistik, da die geschmuggelten Waren wohl in der deutschen, aber nicht in der russischen Statistik verzeichnet sein müssten.

In diesem Falle mufs man sich aber doch an die Thatsache erinnern, dafs unsere Einfuhrstatistik sicher eine bessere ist als unsere Ausfuhrstatistik. Es kann der betreffende Zollbeamte den Importeur immer dazu zwingen, alle Packungen, auch die zollfreien, zum Zweck einer eingehenden Durchsicht zu öffnen. Dagegen mufs sich der Zollbeamte bei der Ausfuhr mit den blofsen Angaben des Exporteurs begnügen, eine genaue Kontrole über die Richtigkeit der Angaben fehlt so. Derjenige Exporteur, der seine Waren nach Rufsland einschmuggeln will, wird also wohl möglichst wenig angeben oder entstellte Angaben machen, damit nicht durch zu hohe Unterschiede zwischen der russischen Einfuhr- und der deutschen Ausfuhrstatistik der Verdacht der russischen Regierung wachgerufen und dadurch eine verschärfte Grenzbewachung herbeigeführt wird.

Es ist also der Fall denkbar, dafs sowohl Menge wie hauptsächlich Wert der über die russische Grenze geschmuggelten deutschen Waren auch in der deutschen Ausfuhrstatistik nicht besonders hervortreten. Damit müfste also unsere oben ausgesprochene Behauptung wegfallen, dafs im Falle eines ausgebreiteten Schmuggels die deutsche Ausfuhrstatistik höhere Mengen und Werte aufweisen müfste als die russische Einfuhrstatistik.

Die höheren Wertangaben der russischen Einfuhrstatistik dürften wohl ihre hauptsächlichste Erklärung in dem am Eingange dieses Kapitels beschriebenen Streben der Importeure finden, ihre Waren möglichst hoch zu deklarieren. Diese Art und Weise des allzuhohen Deklarierens wird ja den Importeuren erleichtert durch die mangelhafte russische Organisation der statistischen Werterhebungen.

Deutschlands Handel mit Finnland.

Das Grofsfürstentum Finnland ist ein nicht völlig an
Rufsland angegliedertes Staatswesen. Es hat Finnland auch
seinen eigenen Zolltarif gewahrt, der bedeutend niedriger ist
als der russische.

Als im Jahre 1893 der deutsch-russische Zollkrieg aus-
brach, fand auch eine starke Erhöhung der finnländischen
Zölle für die Einfuhr aus Deutschland statt. Nach landes-
herrlicher Verordnung und darauf erfolgender Verfügung des
finnischen Senats vom 10./22. August 1893 werden auf deutsche
Waren, welche in das Grofsfürstentum Finnland eingeführt
werden, die im Zolltarif für Finnland angegebenen Zollsätze
um 50 % erhöht. Nach Abschlufs des deutsch-russischen
Handelsvertrags wurde diese Verfügung am 20. März 1894
wieder aufgehoben.

Es mufsten nun aber auch besondere Abmachungen getroffen werden, inwieweit der deutsch-russische Handelsvertrag
für Finnland gelten solle.

Die russische Regierung gab die bindende Erklärung ab,
es sei ihre Absicht, nur schrittweise mit der Erhöhung des
finnländischen Tarifs vorgehen zu wollen, so dafs derselbe erst
gegen Ende des Jahres 1905 endgültig mit dem russischen
gleichgestellt werden solle. Um eine ruhige Entwicklung der
auswärtigen Handelsbeziehungen zu fördern, will die russische
Regierung mit der Erhöhung des finnländischen Tarifs nicht
vor dem 14./31. Dezember des Jahres 1898 beginnen. Von
diesem Zeitpunkt ab wird der finnländische Tarif um 50 %
derjenigen Unterschiede erhöht werden können, welche zwischen
den Sätzen des russischen und finnländischen Tarifs alsdann
bestehen werden; nach dem 19./31. Dezember 1901 wird
eine neue Erhöhung der genannten Unterschiede eintreten
können; vom 18./31. Dezember 1903 ab behält die russische
Regierung sich volle und unbeschränkte Freiheit vor hinsichtlich der endgültigen Gleichstellung des Zolltarifs des Grofsfürstentums Finnland mit dem Zolltarif des Reiches. Es sollen
aber diese Abmachungen nicht die zuständigen Behörden des

Grofsfürstentums Finnland in ihrem Rechte beschränken, in
dem genannten Tarif teilweise Änderungen einzuführen, sofern
solche in örtlichen Bedürfnissen des Handels und der Industrie
ihre Begründung finden.

Die deutsche Regierung gab am Schlusse ihrer Denkschrift zum deutsch-russischen Handelsvertrag[1] der Hoffnung
Ausdruck, dafs die finnländische Regierung bis zum Jahre 1898
einschliefslich keine solchen Verschiebungen innerhalb des
Tarifs vornehmen würde, welche die deutsche Ausfuhr in
nennenswerter Weise schädigen könnten. Finnland besitze
eine zum gröfseren Teile minder bemittelte Bevölkerung und
eine nur in wenigen speziellen Artikeln entwickelte Industrie;
die finnländische Regierung sowohl wie die Bevölkerung seien
daher stets bestrebt gewesen, den Bezug der unentbehrlichen
Industrieerzeugnisse aus dem Auslande möglichst billig zu ge-
stalten und nicht durch höhere Zölle zu verteuern.

Die Hoffnung der deutschen Regierung ist bis jetzt in
Erfüllung gegangen. Es haben nur geringfügige Änderungen
im finnländischen Zolltarif stattgefunden. Am 29. Mai 1897
wurde der Unterschied zwischen dunklerem und hellerem Rohzucker aufgehoben — der dunklere hatte bis dahin 40, der
hellere 60 finnische Mk. für 100 kg zu zahlen — und festgesetzt, dafs von da ab der Zoll auf allen vom Auslande ein-
geführten Rohzucker, ohne Rücksicht auf seine Farbe, mit
50 finnischen Mark für 100 kg berechnet wird. Ein neues
Produkt der chemischen Industrie, Calcium-Carbid, wurde im
August des Jahres 1898 bei der Einfuhr nach Finnland mit
einem Zoll von 4,70 finnischen Mark pro dz belegt.

Rufsland hat bis jetzt noch keine Schritte zur Erhöhung
des finnländischen Tarifs gethan, wozu es ja nach den Abmachungen mit Deutschland seit Ende 1898 berechtigt wäre.

Die Entwicklung des Handels zwischen Deutschland und
Finnland war eine recht gedeihliche.

Seitens unseres K. Statistischen Amtes wird der Handel
mit Finnland gesondert von dem Handel mit Rufsland erst
seit dem Jahre 1897 aufgeführt. Es sind nach unserer Statistik
die Zahlen unseres Spezialhandels mit Finnland für das
Jahr 1897 folgende:

Einfuhr aus Finnland: 843 152 dz =   8 239 000 Mk.
Ausfuhr nach Finnland: 778 886 „ = 26 440 000 „

Nach der finnländischen Statistik weist der Handel mit
Deutschland für 1897 folgende Zahlen auf:

Ausfuhr nach Deutschland:
13 005 754 finn. Mark = 10 534 660 deutsche Mark,

Einfuhr aus Deutschland:
65 673 317 finn. Mark = 54 195 386 deutsche Mark.

---

[1] Siehe Denkschrift: VI. Die Abmachungen betreffend Finnland.

Diese Zahlen der finnländischen Statistik können wir
jedoch nicht mit den Ein- und Ausfuhrzahlen in unserem
Spezialhandel vergleichen, sondern wir müssen dazu die Zahlen
unseres Gesamteigenhandels heranziehen, da die finnische
Statistik keine so genauen Unterscheidungen macht.

Nach der finnländischen Statistik beträgt also die Ausfuhr
nach Deutschland 10 534 660 Mk., während unsere Einfuhr im
Gesamteigenhandel aus Finnland eine hiervon nur sehr gering
abweichende Zahl, nämlich 10 384 000 Mk. angiebt.

Für die Einfuhr Finnlands aus Deutschland finden wir
jedoch eine von der Ausfuhr im Gesamteigenhandel aus Deutschland nach Finnland stark abweichende Zahl, nämlich, wie
schon oben angegeben, 54 195 386 Mk. nach der finnländischen
Statistik und 35 578 000 Mk. nach der deutschen Statistik.

Wir sehen, dafs wir die Zahlen der finnländischen Ausfuhr
nach Deutschland nach der finnländischen Statistik als ziemlich
genau betrachten können, dafs dagegen die finnländischen
Einfuhrzahlen aus Deutschland ein „Mehr" von beinahe 20 Mill.
Mk. gegen die deutsche Statistik enthalten.

Diese Mehrangaben erklären sich daraus, dafs Finnland
mit Lübeck einen sehr bedeutenden Handel unterhält.   Es
gehen jedoch über Lübeck eine Menge fremder d. h. ausländischer Güter nach Finnland, die nun aber alle in der finnländischen Statistik als deutsche Einfuhrgüter aufgeführt werden.

Während der Jahre 1891—1894 wurde auch der Handel
mit Lübeck in der finnländischen Ein- und Ausfuhrstatistik
gesondert von dem Handel mit dem übrigen Deutschland
aufgeführt.

Da in der deutschen Statistik der Handel mit Finnland
nur für 1897 gesondert angegeben ist, geben wir zur Ver-
anschaulichung unseres Handels mit Finnland die der finnländischen Statistik entnommenen Zahlen der Einfuhr aus
Deutschland und der Ausfuhr dorthin.   Dabei können wir
wohl die Zahlen der Ausfuhr nach Deutschland als ziemlich
genaue gelten lassen, während die der Einfuhr aus Deutschland wegen der Mitzählung des Durchfuhrhandels über Lübeck
durchgängig als viel zu hoch anzusehen sind.

Es sind die Zahlen für die Periode 1885—1897 folgende:

	Einfuhr Finnlands aus Deutschland:		Ausfuhr Finnlands nach Deutschland:	
1885:	29 562 345 finn. Mark [1],		4 312 180 finn. Mark	
1886:	24 325 294	„ „	5 172 677	„ „
1887:	28 423 119	„ „	6 231 885	„ „
1888:	35 212 008	„ „	7 841 823	„ „
1889:	38 122 183	„ „	8 070 683	„ „
1890:	44 782 430	„ „	5 987 146	„ „
1891:	46 836 282	„ „	7 313 440	„ „

---

[1] Die finnische Mark ist = 81 Pfennige.

| Einfuhr | Ausfuhr |
| Finnlands aus Deutschland: | Finnlands nach Deutschland: |

<pre>
          Einfuhr   Ausfuhr
   Finnlands aus Deutschland: Finnlands nach Deutschland:
1892: 42 420 776 finn. Mark   8 053 949 finn. Mark
1893: 36 145 981   „   „   7 843 984   „   „
1894: 49 013 358   „   „   8 977 243   „   „
1895: 52 566 492   „   „   5 979 193   „   „
1896: 58 606 059   „   „   10 559 836   „   „
1897: 65 673 317   „   „   13 005 754   „   „
1897 = 54 195 386 deutsche Mark = 10 534 660 deutsche Mark.
</pre>

Aus diesen Zahlen sehen wir, daſs die Handelsbeziehungen zwischen Deutschland und Finnland sich in einer fortwährend günstigen Weiterentwicklung befinden.

Für den Handel Lübecks mit Finnland ist als besonders wichtig die Bestimmung zu Art. 6, 7 und 11 des Schluſs-protokolls zum deutsch-russischen Handelsvertrag hervorzuheben. Es heiſst daselbst:

„Die Boden- und Gewerbserzeugnisse einer dritten Macht, welche durch das Gebiet eines der vertragschlieſsenden Teile durchgeführt werden, sollen bei ihrem Eingang in das Gebiet des anderen Teiles keinen anderen oder höheren Zöllen unter-worfen werden, als wenn sie direkt aus dem Ursprungslande eingeführt worden wären."

Es hatten früher solche Begünstigungszölle für direkte Einfuhr mehrfach in Finnland bestanden, z. B. für Rohzucker, Kaffee und Wein. In einem solchen Falle waren naturgemäſs die einzelnen Länder bestrebt, ihre Produkte auf eigenen Schiffen nach Finnland zu bringen, um den Begünstigungszoll zu genieſsen; unter solchen Umständen fiel also dieser Waren-verkehr durch Deutschland hauptsächlich zum Schaden der Schiffahrt Lübecks weg.

In Tabelle IX geben wir eine Übersicht der wichtigsten Artikel unserer Ausfuhr im Spezialhandel nach Finnland für die Jahre 1897 [1] und 1898, welche zeigt, daſs Deutschland hauptsächlich ansehnliche Ausfuhrwerte nach Finnland zu ver-zeichnen hat für Mehl aus Weizen (1897 = 3,6 Mill. Mk.), weiter für unbedruckte Zeug- und Tuchwaren (1897 = 1,8 Mill. Mk.), dann für Maschinen, überwiegend aus Guſseisen (1897 = 1,7 Mill. Mk.), sowie für rohe Baumwolle (1897 = 1,06 Mill. Mk.).

Aber auch grobe Eisenwaren, grüne und gesalzene, sowie gekalkte und trockne Rindshäute, Kammgarn, Klaviere u. s. w. weisen hohe Ausfuhrziffern nach Finnland auf.

---

[1] 1897 in Doppelcentnern und Millionen Mark, 1898 dagegen nur in Doppelcentnern.

Regelung der Eisenbahntarife.

Von höchster Wichtigkeit erscheint uns die Frage der Höhe der Eisenbahntarife.

Durch die Behandlung der fremden Produkte auf seinen Eisenbahnen hat es ja jedes Land vollständig in der Hand, eventuell den auswärtigen Import gänzlich zu vernichten.

Hätten wir z. B. 1894 mit Rufsland einen äufserst günstigen Handelsvertrag geschlossen, aber keine Bestimmung über die Eisenbahntarife getroffen, so hätte Rufsland dann einfach die Tarife für fremde bezw. deutsche Erzeugnisse dermafsen erhöhen können, dafs für uns fast jedes einigermafsen gewinnbringende Geschäft mit Rufsland ausgeschlossen gewesen wäre.

Rufsland hatte ja während des Zollkrieges mit Deutschland seine Eisenbahntarife für die Einfuhr dermafsen erhöht, dafs, wie wir schon erwähnt haben, nach Angabe des Stadtrats Teschendorff[1] der einst so blühende Warenimport und Speditionshandel Königsbergs und Danzigs nahezu zu Grunde gegangen waren.

Umgekehrt hatte aber Rufsland durch eine enorme Herabsetzung der Eisenbahntarife für sein Getreide die Ausfuhr seiner landwirtschaftlichen Erzeugnisse doch noch zu ermöglichen gesucht.

Gegenseitig machten sich Deutschland und Rufsland durch Artikel 19 des Handelsvertrags folgende Zugeständnisse:

„Die beiden vertragschliefsenden Teile behalten sich das Recht vor, ihre Eisenbahntransporttarife nach eigenem Ermessen zu bestimmen.

Jedoch soll weder hinsichtlich der Beförderungspreise noch hinsichtlich der Zeit und der Art der Abfertigung zwischen den Bewohnern der Gebiete der vertragschliefsenden Teile ein Unterschied gemacht werden. Insbesondere sollen für die von Rufsland nach einer deutschen Station oder durch

---

[1] 19. deutsche Handelstag am 21. Februar 1894.

Deutschland beförderten Gütertransporte auf den deutschen
Bahnen keine höheren Tarife angewendet werden, als für
gleichartige deutsche oder ausländische Erzeugnisse in derselben Richtung und auf derselben Verkehrsstrecke erhoben
werden. Das Gleiche soll auf den russischen Bahnen für
Gütersendungen aus Deutschland gelten, welche nach einer
russischen Station oder durch Rufsland befördert werden.

Ausnahmen von vorstehenden Bestimmungen sollen nur
zulässig sein, soweit es sich um Transporte zu ermäfsigten
Preisen für öffentliche und milde Zwecke handelt."

Im Schlufsprotokoll wurden diese Bestimmungen noch
hauptsächlich ergänzt dadurch, dafs sich Deutschland und
Rufsland die Herstellung direkter Frachttarife nach den
deutschen Häfen Danzig, Königsberg und Memel zur Ver-
mittlung sowohl der Ausfuhr als auch der Einfuhr nach Rufsland den Bedürfnissen des Handels entprechend gewährten.
Da die Verpflichtungen sich nur auf die Staatsbahnen beziehen,
so würden die beiden Regierungen dahin zu wirken suchen,
dafs die Privatbahnen bei der Tarifbildung und Frachtver-
teilung die gleichen Grundsätze anwenden. Sollten sich jedoch
trotzdem die am Verkehr in einer der bezeichneten Richtungen
beteiligten Privatbahnen diesen Grundsätzen der Tarifbildung
und Verteilung nicht unterwerfen, so sollen diese Grundsätze
auch für die Staatsbahnen der vertragschliefsenden Teile nicht
mehr bindend sein.

Von den Agrariern wurde verlangt, dafs dem russischen
Getreide hauptsächlich der Weg nach Königsberg und Danzig
verschlossen werden sollte. Man fürchtete, dafs diese billigeren
Durchgangstarife, die man dem russischen Getreide durch
diese direkten Frachttarife zugestand, ein Rückströmen des
russischen Getreides einmal in die nähere Umgebung dieser
Hafenstädte und dann weiter in das Innere Deutschlands be-
günstigen würden.

Die deutsche Regierung hatte bei der Aufnahme des
Artikels 19 in den Handelsvertrag die dreifache Absicht:

1) Rufsland eine Erhöhung seiner Tarife zu Ungunsten
deutscher Produkte oder eine Erniedrigung derselben zu Gunsten
russischer Produkte möglichst zu erschweren;

2) Deutschland den Transport- und Handelsgewinn zuzu-
wenden, der sonst Rufsland durch Benutzung seiner eigenen
Eisenbahnen zugefallen wäre, und

3) eine Vermischung des preufsischen Getreides mit dem
russischen zu ermöglichen und damit eine für den Weltmarkt
beliebte Sorte herzustellen.

Ein Rückströmen des russischen Getreides von Danzig
und Königsberg hielt unsere Regierung für völlig ausgeschlossen. Es sei für das russische Getreide immer noch

billiger[1], wenn es unmittelbar hinter der Grenze (bei Soldau
oder bei Lyck) nach Westen abböge, als wenn es erst den
Umweg über Danzig oder Königsberg wähle. Auch ein Rückströmen des russischen Getreides in das um die genannten
Hafenstädte liegende Land könne man dadurch verhindern[2],
daſs man eine direkte Umkartierung des in den Hafenstädten
angekommenen Getreides ohne vorherige Entladung tarifmäſsig
verbiete. Dadurch würden die Spesen für das in das Innere
zurückzuverfrachtende Getreide etwa 10 Mark für den Waggon
von 10 Tons betragen. Somit wäre nur ein Rückströmen bis
zu den Auſsenforts von Königsberg und zu den Nachbar-
dörfern von Danzig möglich.

Denn, fügte Frhr. v. Marschall hinzu, der beste Beweis
dafür, daſs das russische Getreide nicht, und auch zu billigen
Durchgangspreisen nicht, in das Innere von Ost- und West-
preuſsen werde zurückströmen können, liege in den Preisverhältnissen. Seit 1887 sei das russische Getreide unverzollt
loco Danzig oder Königsberg nie so billig gewesen, daſs es
selbst zu einem Zoll von 3,50 Mk. hätte in das Inland eingeführt werden können. Seit 1890 lieferten die Preisnotie-
rungen den gleichen Beweis. Der russische Roggen konnte
kaum 2 Mk. Zoll, geschweige denn 3,50 Mk. in Danzig oder
Königsberg vertragen. In den beiden Städten selber schlieſse
die Preislage mit dem Zoll von 3,50 Mk. jede Unterbietung
des preuſsischen Getreides durch das russische völlig aus.

Wäre der Artikel 19 nicht in den deutsch-russischen
Handelsvertrag aufgenommen worden, so wäre, wie wir schon
betont haben, ein gedeihlicher Import deutscher Waren immer
dadurch bedroht gewesen, daſs Ruſsland vielleicht plötzlich
seine Eisenbahntarife wesentlich erhöht hätte.

In diesem Sinne vertrat auch Geh. Regierungsrat Möllhausen[3] energisch die Auffassung, daſs Artikel 19 in wirt-
schaftlicher Beziehung sehr wertvoll für Deutschland sei. Möllhausen sagte: „Wenn Ruſsland nicht gebunden worden wäre,
so würde es z. B. ein Leichtes gewesen sein, die Zollermäſsi-
gungen, welche für deutsches Eisen gewährt sind, durch eine
ungünstige Eisenbahntarifstellung für deutsches Eisen wieder
wett zu machen, so daſs die erreichten Zollerleichterungen
bei den langen in Frage kommenden Eisenbahnstrecken zum
Nachteil Deutschlands verkehrt werden könnten."

Trotz der Aufnahme des Artikels 19 in den Handelsvertrag wird gegenwärtig unsere ostdeutsche, speciell ost-
preuſsische Mühlenindustrie dadurch geschädigt, daſs Ruſsland

---

[1] Freih. v. Thielmann in der Kommissionssitzung am 5. März 1894.
[2] Freih. v. Thielmann und Geh. Regierungsrat Möllhausen am
5. März 1894.
[3] Reichstagskommissionssitzung am 5. März 1894.

den Hafen von Libau ausgebaut hat und nun den über Libau
exportierenden russischen Müllern sehr niedrige Eisenbahntarife gewährt.

Man kann bezüglich dieser Sachlage nun wohl einwenden,
dafs der Artikel 19 doch nicht vorsichtig genug abgefafst sei.
Denn Rufsland handelt sicher nicht gegen den Wortlaut des
Artikels 19. Dieselben Vergünstigungen, die hier den russi-
schen Müllern gewährt werden, würden auch den deutschen
Müllern zu teil werden, wenn sie in die Lage kämen, ihr
Mehl auf der nach Libau führenden russischen Bahnstrecke
zu verfrachten.

Wesentlich ist aber der Vorteil, welcher dadurch entsteht,
dafs infolge der Durchgangstarife russisches Getreide leicht
nach Königsberg und Danzig überführt wird und nun dort
mit deutschem Getreide vermischt werden kann. Bekanntlich
erzeugt Deutschland ja einen stärkereichen, aber kleberarmen
Weizen, der unvermischt mit kleberreichem Weizen kein besonders wohlschmeckendes Mehl giebt. Rufsland bringt dagegen einen sehr kleberreichen, aber stärkearmen Weizen hervor, der wiederum einer Vermischung mit stärkereichem
Weizen bedarf. Diese Vermischung ist nun infolge der ver-
minderten Importschwierigkeiten russischen Weizens in Königsberg und Danzig ermöglicht, und damit wird ein wohlschmeckendes und absatzfähiges Mehl für den Weltmarkt hergestellt.

Auch der Umstand ist von Bedeutung, dafs durch die
Abmachungen des Artikel 19 ein ansehnlicher Transport- und
Handelsgewinn Deutschland zugewendet wird. Rufsland würde
ja doch die Möglichkeit haben, seine Staatsbahnlinien nach
Reval, Riga und Libau zu benutzen. Auch von dort würde
es Deutschland mit Getreide überschwemmen können.

Die Fortlassung des Artikels 19 würde so der Landwirt-
schaft wohl kaum irgend welchen Nutzen gebracht, aber für
Deutschland einen bedeutenden Verlust an Transport- und
Handelsgewinn bewirkt haben.

Schlufswort.

Im Laufe unserer längeren Betrachtung haben wir gesehen, dafs im allgemeinen die deutsche Landwirtschaft mit
dem Abschlufs der Handelsverträge unseres Jahrzehnts und
speciell mit dem Handelsvertrag mit Rufsland durchaus nicht
zufrieden war. Man mufs zugestehen, dafs hauptsächlich bis
zum Jahre 1896 unsere Landwirtschaft unter zum Teil sehr
ungünstigen Preiskonjunkturen zu leiden hatte. Ein höherer
Zollschutz als 3,50 Mk. wäre zu manchen Zeiten für Getreide
sehr erwünscht gewesen. Seit 1896 haben sich die Preise für
landwirtschaftliche Produkte besser gestaltet. Darin liegt aber
natürlich keine Gewähr, dafs dies auch in Zukunft so bleibe;
im Gegenteil kann z. B. durch das Zusammenfallen einer
guten deutschen mit ausgezeichneten ausländischen Ernten
sehr schnell wieder eine für die deutsche Landwirtschaft recht
mifsliche Preislage eintreten.

Handel und Industrie dürften wohl im grofsen und
ganzen mit der Handelsvertragspolitik des Deutschen Reichs
zufrieden sein. Der Handelsvertrag mit Rufsland hat sicherlich einen bedeutenden Aufschwung unseres Handelsverkehrs
mit diesem mächtigen Reiche herbeigeführt.

So lauten auch die Äufserungen der deutschen Handelskammern fast durchweg sehr günstig für die Handelsverträge.

Es schreibt z. B. das Ältestenkollegium der Kaufmannschaft zu Berlin in seinem Bericht über Handel und Industrie
in Berlin im Jahre 1895, S. 9:

„Wir stehen nicht an, den seit Ende 1894 unverkennbar
eingetretenen Aufschwung der Industrie und des Handels zum
grofsen Teil auf die Handelsverträge zurückzuführen. — So
müssen wir auch nach wie vor die im Jahre 1891 begonnene
Handelsvertragspolitik des Deutschen Reichs als eine durchaus segensreiche bezeichnen."

Im Jahresbericht der Handelskammer zu Hamburg über
das Jahr 1896 lesen wir S. 4:

„Im Verkehr mit Rufsland machen sich die segensreichen
Wirkungen des Handelsvertrags fortgesetzt und in steigendem
Mafse geltend."

Nachdem das Vorsteheramt der Kaufmannschaft zu Königsberg i. Pr. schon in seinem Bericht für das Jahr 1894 S. 7
hervorgehoben hatte, die günstigen Wirkungen des deutsch-
russischen Handelsvertrags machten sich nicht nur für Königsberg und die anderen deutschen Ostseehäfen geltend, sondern
für die ganze deutsche Industrie, betont 1895 S. 9 dieses Vorsteheramt nochmals, es seien namentlich die Zollermäfsigungen
für Eisen, Maschinen und Instrumente der deutschen Industrie
aufserordentlich nützlich gewesen.

Auch 1897 schreibt das Vorsteheramt der Kaufmannschaft
zu Königsberg [1], die Handelsbedeutung von Königsberg, Memel
und Danzig beruhe vorwiegend auf dem Handel mit russischen
Rohprodukten, und durch den Zollkrieg mit Rufsland hätten
diese Seestädte tief gelitten.

Die Handelskammer zu Breslau, die naturgemäfs an einem
regen Handel mit Rufsland und Österreich lebhaft interessiert
ist, schreibt in ihrem Jahresbericht für das Jahr 1896 S. 50:

„Das abgelaufene Jahr hat nur unser Urteil über die
aufserordentlich günstige Gesamtwirkung der deutschen Handelsvertragspolitik aufs neue bestätigt."

Wenn auch Rufslands Industrie in den letzten Jahrzehnten
zum Teil recht bedeutende Fortschritte gemacht hat und vielleicht bald mit diesen und jenen Produkten als ernster Konkurrent auf dem Weltmarkt erscheinen wird, so wird doch
sicherlich Deutschlands Industrie noch ein weites und günstiges
Absatzgebiet in Rufsland selbst finden. Die russische Bevölkerung vermehrt sich schnell, sie gelangt auch teilweise zu
höherem Wohlstande.

Hauptsächlich dürfte die wirtschaftliche Erschliefsung
Sibiriens, die zu grossem Theil durch die Vollendung der sibirischen Bahn beschleunigt wird, von höchster Bedeutung für
Deutschlands Handel und Industrie sein. Massen deutscher
Produkte gehen schon jetzt nach Sibirien; man kann annehmen, dafs der deutsche Handel in Sibirien gröfser ist als
der russische selbst.

Während in den letzten vier Jahren Rufslands Gesamtimport wesentlich abgenommen hat, hat Deutschlands Ausfuhr
dorthin doch stark zugenommen. Für den Gesamtimport Rufslands stand Deutschland im Jahre 1897 mit 36 % an erster
Stelle; es folgte England mit 20 % und die Vereinigten
Staaten von Amerika mit 10 %. Noch im Jahre 1894 kam
Englands Handel mit Rufsland dem deutschen nahezu gleich.

---

[1] S. 15.

Der Abschluſs des deutsch-russischen Handelsvertrags hat
Deutschland jetzt weitaus die erste Stelle für die Ausfuhr nach
Ruſsland im internationalen Wettbewerb gesichert.

Es ist zu wünschen, daſs sich Deutschlands Handel mit
Ruſsland in der bisherigen Weise fortentwickle, und daſs man
danach strebe, die bisher schon erlangten Zugeständnisse bei
einem künftigen Vertragsabschluſs mit Ruſsland noch zu er-
weitern.

Allerdings bleibt das Problem, wie man der deutschen
Landwirtschaft einen wirksameren Schutz angedeihen lassen
könne, ohne dabei sich die so wichtigen Zugeständnisse auf
industriellem Gebiete zu verscherzen.

Anhang.

Vorbemerkung zu den statistischen Tabellen.

Während der Text der Arbeit auf der Statistik bis zum Jahre 1897 beruht, sind die Tabellen II—VIII noch auf Grund der Statistik des Deutschen Reichs für 1898, Neue Folge, Bd. 122, ergänzt worden. Auch aus den Zahlen für das Jahr 1898 geht hervor, dafs Deutschlands Handelsbeziehungen zu dem grofsen russischen Reiche einen durchaus befriedigenden Fortgang genommen haben. Den Zahlen der statistischen Tabellen liegen durchweg, soferne nichts anderes bemerkt ist, die Zahlen unseres Specialhandels zu Grunde.

Der Specialhandel giebt das genauere Bild, während der Gesamteigenhandel der weitere Begriff ist. Letzterer giebt überhaupt ein Bild des Ein- und Ausfuhrhandels des deutschen Zollgebiets mit dem Ausland. In ihm sind daher alle Waren verzeichnet, die der deutsche Handel im Verkehr über die Zollgrenze mit dem Ausland umgesetzt hat, und zwar hinsichtlich der Ausfuhr ohne Rücksicht darauf, ob sie inländischer oder ausländischer Herkunft sind.

Dagegen begreift der Specialhandel in sich diejenigen Waren, die der Handel einerseits aus dem Ausland dem Verbrauch des deutschen Zollgebiets und andererseits aus der Gütererzeugung des deutschen Zollgebiets dem Auslande zugeführt hat. Den letztgenannten Waren werden die ausländischen zugerechnet, welche durch Überführung in den freien Verkehr des Zollgebiets den inländischen gleichgestellt worden sind.

Mit Beginn des Jahres 1897 wird auch derjenige Teil des aktiven Veredelungsverkehrs (Veredelung im Zollgebiet), welcher für Rechnung eines Inländers erfolgt, in den Specialhandel eingerechnet.

Tabelle I. Wirkung des deutsch-russischen Zollkrieges vom 1. August 1893 auf die Ausfuhr einer Anzahl unserer wichtigsten Industrieerzeugnisse nach Rufsland.

Warenbezeichnung	100 Kilogramm			
	Ausfuhr 1892	Ausfuhr 1893	Ausfuhr 1893 bis 31. Juli	Ausfuhr 1893 seit 1. August
Eck- und Winkeleisen	45 906	85 179	80 519	4 660
Schmiedbares Eisen in Stäben	215 543	298 327	254 734	43 596
Platten und Bleche aus schmiedbarem Eisen	60 733	122 181	101 157	21 024
Grobe Eisenwaren, nicht abgeschliffen und abgeschliffen	86 959	79 284	57 937	21 347
Feine Eisenwaren aus Gufs- und Schmiedeeisen	7 014	6 508	4 487	2 021
Maschinen- und Maschinenteile:				
überwiegend aus Holz	4 938	4 015	3 184	836
- - Gufseisen	86 028	90 496	62 679	27 817
- - Schmiedeeisen . .	19 837	22 557	11 970	10 587
Zink, rohes u. s. w.	36 737	40 417	35 298	5 119
Rohe Baumwolle	34 194	17 865	13 949	3 916
Baumwollabfälle.	2 242	3 914	3 169	745
Schafwolle, roh u. s. w.	8 848	25 777	18 409	7 368
Gekämmte Wolle	7 506	7 403	7 123	280
Garne (ausgenommen Kammgarn), roh, einfach	1 876	1 426	1 210	216
Tuch- und Zeugwaren, unbedruckt . . .	2 568	1 711	1 129	582
Alizarin	4 268	3 114	2 433	681
Anilinöl, Anilinsalze u. s. w.	8 095	5 499	4 247	1 152
Anilin und andere Theerfarbstoffe . . .	5 159	4 309	3 388	921
Kaolin, Feldspat, feuerfester Thon . .	89 982	121 504	64 818	56 686
Roheisen	54 417	54 201	29 100	25 101
Rindshäute, grüne und gesalzene. . . .	39 084	48 548	24 635	23 913
- gekalkte und trockene. . .	6 038	7 166	3 877	3 289
Bücher, Karten, Musikalien	6 709	7 772	3 967	3 805
Superphosphat.	36 946	42 438	19 745	22 693
Palmkerne, Kopra u. s. w.	22 136	19 944	8 561	11 383
Mühlsteine	29 007	27 631	11 783	15 848
Getreide u. s. w., geschroten.	26 472	66 866	23 482	43 384

Tabelle II. **Die wichtigsten durch den deutsch-
erlangten Zoll-**

Russischer Tarif von 1891 Artikel	Benennung der Gegenstände	Mafsstab	Neuer russischer Konventionaltarif Zollsatz Rubel
140	Grobe Eisenwaren, nicht abgeschliffen und abgeschliffen	Pud	0,50
	Schmiedbares Eisen in Stäben	-	0,50
	Platten und Bleche aus schmiedbarem Eisen	-	0,50
	Eck- und Winkeleisen	-	0,50
139	Roheisen	-	0,30
167	Maschinen, überwiegend aus Gufseisen . .	-	1,40
	- - - Schmiedeeisen	-	1,40
167	Lokomotiven	-	1,80
	Lokomobilen	-	1,40
79	Steinkohlen, über die westliche Landgrenze	-	0,01
	Steinkohlen, über die baltischen Häfen .	-	0,01
	Koks, über die westliche Landgrenze. .	-	0,015
	- - - baltischen Häfen	-	0,015
56	Häute und Felle von Pelztieren, Bisamfelle	-	6,60
	- - - - Fuchsfelle	-	12,00
186	Gekämmte Wolle, ungefärbt	-	4,50
	- - gefärbt	-	6,00
	Einfaches Kammgarn, ungefärbt	-	8,50
	- - gefärbt	-	9,80
	Gezwirntes - ungefärbt	-	9,80
	- - gefärbt	-	11,40
178	Noten, Karten und Pläne	-	3,20
135	Anilin und andere Theerfarbstoffe . . .	-	} 14,00
	Alizarin.	-	
55	Feine Lederarten (Saffian, Glacé u. s. w.)	-	12,00
	Lackiertes Leder, grofses	-	6,80
172	Klaviere	Stück	64,00
155	Telegraphenkabel	Pud	2,00
112	Chemische Fabrikate, nicht besonders genannt.	-	1,50
147	Zink, in Blöcken und Bruchstücken . .	-	0,45
	Zinkblech, wenn auch geschliffen und poliert.	-	0,80
149,2	Fabrikate aus Kupfer und Kupferlegierungen	-	13,60
192	Gewebe aus Flachs, Hanf, Jute	Pfund	0,40

russischen Handelsvertrag von Deutschland ermäfsigungen.

Russischer Tarif von 1891 Zollsatz Rubel	Russischer Tarif von 1882 Zollsatz Rubel	Russischer Tarif von 1885 Zollsatz Rubel	Französ.-russisches Abkommen von 1893 Zollsatz Rubel	Wert der Ausfuhr aus Deutschland nach Rufsland in Millionen Mark			
				1898	1893	1890	1885
0,60	0,40	0,40	··	20,3	5,4	7,7	6,9
0,60	0,40	0,40	—	13,3	3,3	4,8	2,4
0,60	0,40	0,40	—	7,7	1,8	3,7	1,7
0,60	0,40	0,40	—	5,2	0,9	0,9	0,2
0,35	0,06	0,09 bezw. 0,15 (1886)	—	0,5	0,3	1,1	2,7
1,70	0,90	1,20	1,53	25,1	5,2	6,5	3,5
1,70	0,90	1,20	1,53	6,1	1,6	1,3	0,5
2,00	1,40	1,40	—	} 3,1	0,3	0,2	0,5
1,70	1,40	1,40	—				
0,02	zollfrei	0,015	} 0,015	4,5	1,1	1,8	2,8
0,01	-	0,005					
0,03	-	0,015	} 0,015	4,0	1,9	2,2	0,6
0,015	-	0,005					
18,00	5,50	6,60	—	} 5,7	4,4	5,4	4,4
18,00	15,00	18,00	—				
5,50	3,00	3,00	—	} 4,2	2,7	9,3	1,2
7,00	4,50	4,50	—				
9,00	7,50	7,50	—	}			
10,50	9,00	9,00	—	} 7,6	2,7	5,5	10,6
10,50	7,50	7.50	—				
12,00	9,00	9,00	—				
				Bücher, Karten und Musikalien			
4,00	zollfrei	zollfrei	—	7,2	3,9	3,4	2,9
17,00	15,00	15,00	—	{ 3,7	2,0	2,3	2,5
				2,0	0,5	0,6	0,7
				Lackiertes, gefärbtes, Handschuhleder, Korduan			
15,00	9,00	10,50	12,75	2,7	0,9	1,1	1,6
8,50	6,60	7,90	7,22	2,6	0,4	0,7	0,5
80,00	66,00	79,20	64,00	2,1	0,042	0,1	0,01
4,00	1,65	3,00	—				
2,40	2,00	2,40	1,80	2,1	2,2	1,8	—
0,50	0,40	0,45	0,45				
				Zink (rohes)			
1,00	0,70	0,85	0,90	3,5	1,4	1,8	0,7
16,00	3,30	4,00	14,40	3,3	1,2	1,1	0,7
				Jute			
0,50	0,17	0,20	6,00	2,0	1,0	0,2	0,004

Tabelle III. **Wichtigste Warengruppen der Ausfuhr aus**

(Geordnet nach den Werten in

Warengruppen	1898	1897	1896	1895	1894
1. Eisen und Eisenwaren	59,6	49,3	42,9	33,7	25,5
2. Instrumente, Maschinen und Fahrzeuge	47,1	41,2	37,2	30,4	21,3
3. Droguerie-, Apotheker- und Farbewaren . . .	26,7	24,1	23,3	22,9	19,5
4. Wolle und Wollen- waren	24,4	20,7	14,3	19,4	15,1
5. Häute und Felle . . .	16,6	17,1	16,5	16,8	15,4
6. Kupfer u. Waren daraus	11,4	10,5	7,9	7,8	6,3
7. Litterarische und Kunst- gegenstände	10,4	8,4	7,9	6,8	5,5
8. Material-, Spezerei-, Konditorwaren	9,7	11,4	10,0	10,4	12,6
9. Kurze Waren, Quin- caillerien	9,6	9,7	6,6	4,9	4,4
10. Baumwolle und Baum- wollenwaren	9,5	9,7	10,7	8,4	3,9
11. Stein-, Braunkohlen, Koaks, Torf u. s. w. .	8,5	6,3	5,2	3,8	3,5
12. Getreide und andere Er- zeugnisse des Land- baues	7,7	4,2	3,0	3,5	3,8
13. Holz u. andere Schnitz- stoffe, sowie Waren daraus	6,9	6,8	5,5	4,7	4,0
14. Leder und Lederwaren	6,2	5,2	4,2	4,1	3,1
15. Papier und Pappwaren	4,5	4,6	3,7	3,1	2,4
16. Zink und Zinkwaren .	4,2	3,2	2,2	2,3	1,2
17. Thonwaren	4,2	3,1	3,0	2,0	1,7
18. Seide und Seidenwaren	4,1	3,4	3,2	3,8	4,7
19. Öl, anderweit nicht ge- nannt, und Fette . . .	3,7	2,4	0,8	1,0	1,0
20. Kautschuk und Gutta- percha, sowie Waren daraus	3,6	2,9	1,9	1,2	1,1

Deutschland nach Rufsland und Finland im Spezialhandel.

Millionen Mark im Jahre 1898.)

1893	1892	1891	1890	1889	1888	1887	1886	1885
13,9	13,1	16,2	21,7	22,7	17,5	12,4	14,4	16,7
13,1	11,9	13,5	14,2	13,0	8,6	8,6	10,1	10,9
18,2	22,6	20,0	23,4	24,2	16,1	17,9	16,9	18,6
14,3	10,7	14,8	23,0	26,5	25,7	18,6	22,0	23,4
8,2	6,5	9,4	12,4	10,6	6,4	4,8	5,8	5,5
6,6	5,3	4,7	5,1	4,0	3,6	3,0	3,3	3,5
5,0	3,9	4,5	4,3	4,2	3,4	3,4	5,1	4,7
12,7	8,2	5,4	6,7	6,4	5,2	5,8	3,8	5,5
2,8	3,2	3,9	4,0	3,8	3,2	3,2	6,2	5,9
2,9	4,4	3,4	7,0	5,3	4,3	7,2	6,4	9,7
3,0	3,2	3,4	4,0	3,0	3,1	2,9	3,7	3,4
6,2	4,5	3,4	4,4	3,2	1,8	2,0	3,4	3,4
2,9	2,8	3,2	4,5	4,5	3,2	2,5	3,1	2,8
2,1	2,4	3,2	3,7	3,2	2,4	2,5	3,0	2,8
1,0	1,1	1,4	1,5	1,3	1,1	1,1	1,3	1,7
1,6	1,7	2,1	2,3	1,6	0,4	0,1	0,8	0,8
1,2	1,0	1,7	1,1	1,1	0,8	0,7	0,9	0,9
7,8	11,1	16,3	23,3	20,3	21,1	16,0	14,7	11,5
0,6	0,4	0,3	0,4	0,5	0,5	0,1	0,5	0,4
0,9	0,5	0,9	2,1	1,9	0,5	1,0	1,0	1,0

Tabelle IV[1].   Wichtigste Artikel der Ausfuhr nach

(Geordnet nach den Werten in

Warengattung	1898		1897	
	Doppel-zentner	Mill. Mk.	Doppel-zentner	Mill. Mk.
Maschinen, überwiegend aus Gußeisen .	374 458	25,1	307 530	20,3
Grobe Eisenwaren, nicht abgeschliffen und abgeschliffen	281 270	20,3	205 274	14,7
Schmiedbares Eisen in Stäben, Radkranz- und Pflugschareneisen	} 1 079 036	13,3	964 193	11,5
Platten und Bleche aus schmiedbarem Eisen	509 512	7,7	600 904	8,1
Kammgarn (Wollengarne)	14 542	7,6	7 736	3,9
Bücher, Karten, Musikalien	12 870	7,2	11 028	5,9
Schafwolle, roh	27 937	6,3	20 732	4,7
Maschinen, überwiegend aus schmied- barem Eisen	77 030	6,1	39 660	3,0
Häute von Pelztieren; Vogelbälge . . .	3 602	5,7	4 225	6,7
Baumwolle, rohe	84 070	5,7	76 278	5,9
Rindshäute, grüne und gesalzene. . . .	71 774	5,7	59 113	4,4
Waren aus edlen Metallen	61,65	5,5	57,35	5,1
Eck- und Winkeleisen	478 314	5,2	389 229	4,3
Steinkohlen	4 683 143	4,5	3 376 400	3,6
Gekämmte Wolle (Kammzug).	11 524	4,2	17 780	6,0
Koks	2 082 305	4,0	1 599 376	2,8
Feine Waren aus Guß- und Schmiede- eisen	20 357	3,8	14 586	2,7
Anilin und andere Teerfarbstoffe	10 093	3,7	7 639	2,9
Zink, rohes	87 051	3,5	77 252	2,7
Tuch- und Zeugwaren; unbedruckt. . .	5 144	3,4	5 731	3,7
Instrumente, astronomische	802	3,4	1 010	3,2
Feine Waren aus Messing und anderen Kupferlegierungen	9 817	3,3	10 674	2,5
Feine Waren aus Kupfer	—	—	—	—
Mehl aus Getreide.	268 406	3,2	347 999	4,5
Lokomotiven, Lokomobilen	28 257	3,1	63 032	5,4
Rindshäute, gekalkte und trockene. . .	20 637	2,8	17 501	2,3
Farbendruckbilder, Kupferstiche	2 468	2,8	1 857	2,2
Lackiertes, gefärbtes Leder; Handschuh- leder; Korduan	2 801	2,7	2 464	2,3
Anilinöl, Anilinsalze	24 520	2,7	16 931	2,1
Klaviere u. s. w.	11 256	2,6	8 024	2,1
Cellulose, Stroh- und andere Faserstoffe	104 573	2,5	110 597	2,8
Chemische Fabrikate; nicht besonders genannt	10 748	2,1	9 459	2,4
Telegraphenkabel	15 811	2,1	19 569	2,4
Kupfer, rohes	18 180	2,0	19 082	1,9

[1] Die Zahlen für 1885—1896 sind entnommen aus: „Der Auswärtige Handel des deutschen Zollgebiets, herausgegeben im Reichsamt des Innern", Berlin 1898.

Rufsland im Spezialhandel des deutschen Zollgebiets.

Millionen Mark im Jahre 1898.)

1896		1895		1894		1893		1892	
Doppelzentner	Mill. Mk.	Doppelzentner	Mill. Mk.	Doppelzentner	Mill. Mk.	Doppelzentner	Mill. Mk.	Doppelzentner	Mill. Mk.
288 920	17,9	248 548	14,4	196 527	11,0	90 496	5,2	86 028	5,2
181 234	12,7	133 155	9,1	109 884	7,1	79 284	5,4	86 959	6,1
965 405	11,2	{ 928 077 (928 756) }	10,2	{ 844 650 (845 021) }	8,9	{ 298 327 (298 584) }	3,3	{ 215 543 (215 613) }	2,5
583 569	7,6	488 744	6,0	280 259	3,4	122 181	1,8	60 733	1,1
4 251	2,5	6 752	3,4	10 388	4,9	5 283	2,7	4 406	2,2
10 228	5,5	9 372	4,5	8 081	3,9	7 772	3,9	6 709	3,1
17 080	3,9	32 701	7,1	19 796	4,4	25 777	6,2	8 848	2,2
44 259	3,3	32 443	2,3	25 769	1,7	22 557	1,6	19 837	1,4
3 750	6,6	3 415	6,0	3 812	6,7	2 489	4,4	1 861	3,3
96 853	7,9	74 108	5,5	28 154	2,0	17 865	1,6	34 194	2,7
49 683	4,0	64 296	5,8	72 025	5,0	48 548	2,9	39 084	2,3
33,95	2,7	46,23	2,1	32,01	1,9	27,65	1,1	32,72	1,3
339 615	3,8	283 563	2,9	182 261	1,8	85 179	0,9	45 956	0,5
2 588 054	2,1	1 991 345	1,5	1 879 906	1,4	1 301 558	1,1	1 170 997	1,1
7 256	2,6	11 632	3,8	6 024	2,0	7 403	2,7	7 506	2,9
1 942 529	3,1	1 436 583	2,2	1 303 601	2,1	1 057 295	1,9	1 149 285	2,2
14 642	2,6	12 536	2,2	10 232	1,7	6 508	1,1	7 014	1,3
7 173	2,9	6 551	2,6	4 839	2,1	4 309	2,0	5 159	2,5
51 424	1,7	65 663	1,9	53 027	1,6	40 417	1,4	36 737	1,5
5 076	3,2	4 515	2,8	3 102	1,9	1 711	1,1	2 568	1,7
681	2,3	1 629	5,5	1 365	2,7	1 218	2,4	1 174	2,3
7 414 573	2,4 0,2	} 6 687	2,1	5 028	1,5	3 918	1,2	3 154	1,0
238 684	2,6	317 741	3,2	365 638	3,5	331 124	5,0	135 309	2,2
91 990	7,8	22 812	2,4	9 740	1,0	2 799	0,3	1 324	0,1
18 273	2,4	21 665	3,5	23 913	2,0	7 166	0,8	6 038	0,8
1 898	2,1	1 740	1,9	1 235	1,4	796	0,9	593	0,6
1 802	1,7	1 524	1,6	1 538	1,5	931	0,9	898	0,8
14 171	1,8	12 932	1,2	10 358	1,1	5 499	0,7	8 095	1,1
6 815	1,6	5 647	1,3	4 058	1,0	1 467	0,4	1 694	0,4
80 757	2,0	70 665	1,8	52 589	1,3	7 830	0,2	10 992	0,3
9 111	2,8	9 368	2,3	9 580	2,4	8 824	2,2	8 918	2,2
3 761	0,4	1 329	0,2	1 019	0,1	345	0,042	189	0,024
24 179	2,4	24 372	2,2	19 734	1,7	32 155	3,1	17 640	1,8

Die Zahlen für 1897 und 1898 sind entnommen der Statistik des Deutschen Reichs, N. F. Bd. 97 und N. F. Bd. 122.

Tabelle IV[1].　Wichtigste Artikel der Ausfuhr nach

(Geordnet nach den Werten in

(Fort-

Warengattung	1891		1890	
	Doppelzentner	Mill. Mk.	Doppelzentner	Mill. Mk.
Maschinen, überwiegend aus Gußeisen .	93 760	6,2	96 222	6,5
Grobe Eisenwaren, nicht abgeschliffen und abgeschliffen	77 535	7,0	80 608	7,7
Schmiedbares Eisen in Stäben, Radkranz- und Pflugschareneisen	} 242 184 } (242 886) }	3,0	345 463	4,8
Platten und Bleche aus schmiedbarem Eisen	77 281	1,5	168 052	3,7
Kammgarn (Wollengarne)	6 796	3,8	9 073	5,5
Bücher, Karten, Musikalien	7 470	3,4	7 463	3,4
Schafwolle, roh	8 012	2,2	9 585	2,8
Maschinen, überwiegend aus schmiedbarem Eisen	18 680	1,5	15 740	1,3
Häute von Pelztieren; Vogelbälge . . .	2 586	4,6	3 055	5,4
Baumwolle, rohe	40 435	3,5	35 170	4,3
Rindshäute, grüne und gesalzene	49 004	3,2	66 166	4,6
Waren aus edlen Metallen	31,50	1,3	27,70	1,4
Eck- und Winkeleisen	56 930	0,7	60 908	0,9
Steinkohlen	1 342 455	1,4	1 517 584	1,8
Gekämmte Wolle (Kammzug)	10 233	4,1	19 567	9,3
Koks	951 857	2,1	978 523	2,2
Feine Waren aus Guß- und Schmiedeeisen	8 121	1,7	7 447	1,6
Anilin und andere Teerfarbstoffe	4 086	2,1	4 397	2,3
Zink, rohes	39 283	1,8	40 623	1,8
Tuch- und Zeugwaren; unbedruckt . . .	3 726	2,7	3 642	2,9
Instrumente, astronomische	1 294	2,6	1 370	2,7
Feine Waren aus Messing und anderen Kupferlegierungen . . . . Feine Waren aus Kupfer	} 3 140 }	1,0	3 494	1,1
Mehl aus Getreide	11 995	0,2	7 004	0,1
Lokomotiven, Lokomobilen	1 553	0,2	2 168	0,2
Rindshäute, gekalkte und trockene . . .	11 094	1,4	15 276	1,9
Farbendruckbilder, Kupferstiche	676	0,7	653	0,7
Lackiertes, gefärbtes Leder; Handschuhleder; Korduan	1 201	1,1	1 183	1,1
Anilinöl, Anilinsalze	5 170	1,0	5 914	1,2
Klaviere u. s. w.	2 564	0,6	2 684	0,7
Cellulose, Stroh- und andere Faserstoffe	16 431	0,4	10 567	0,3
Chemische Fabrikate; nicht besonders genannt	7 645	1,9	7 152	1,8
Telegraphenkabel	191	0,028	686	0,1
Kupfer, rohes	8 580	1,0	11 139	1,4

[1] Die Zahlen für 1885—1896 sind entnommen aus: „Der Auswärtige Handel des deutschen Zollgebiets, herausgegeben im Reichsamt des Innern", Berlin 1898.

Rufsland im Spezialhandel des deutschen Zollgebiets.

Millionen Mark im Jahre 1898.)

setzung.)

1889		1888		1887		1886		1885	
Doppel-zentner	Mill. Mk.	Doppel-zentner	Mill. Mk.	Doppel-zentner	Mill. Mk.	Doppel-zentner	Mill. Mk.	Doppel-zentner	Mill. Mk.
86 177	5,4	65 017	3,6	55 926	3,0	69 462	3,6	64 828	3,5
85 038	8,2	83 604	7,9	61 029	5,6	49 766	4,5	68 688	6,9
329 194	4,9	223 057	2,6	172 728	1,9	299 319	3,0	229 209	2,4
138 265	2,8	96 719	1,7	78 982	1,3	84 445	1,4	103 000	1,7
13 017	7,9	17 438	9,8	12 608	7,5	17 329	10,9	18 286	10,6
7 871	3,2	6 652	2,8	7 012	2,9	7 789	2,7	8 182	2,9
16 048	4,9	22 709	6,7	8 400	2,6	17 127	5,3	25 194	6,8
16 576	1,3	6 992	0,5	7 913	0,5	11 577	0,7	7 288	0,5
2 671	5,6	2 399	4,6	2 119	4,0	2 321	4,6	2 142	4,4
20 010	2,4	13 760	1,6	31 347	3,5	18 921	2,0	31 050	3,7
48 137	2,9	9 924	0,6	2 799	0,2	3 338	0,3	3 029	0,3
32,50	1,1	31,19	1,1	26,63	0,9	56,00	2,0	26,77	0,9
48 745	0,8	25 136	0,3	15 160	0,2	17 456	0,2	18 159	0,2
1 745 430	1,5	1 851 995	1,8	2 084 425	1,9	2 191 908	2,9	3 122 347	2,8
17 153	8,6	12 144	5,6	10 539	5,1	3 560	1,8	2 677	1,2
800 882	1,5	783 979	1,2	740 677	1,0	641 634	0,8	469 441	0,6
7 383	1,7	4 473	1,0	3 511	0,8	5 069	1,1	4 994	1,0
5 492	3,0	4 136	2,4	5 043	3,3	4 587	3,1	3 360	2,5
25 762	1,0	7 241	0,3	2 331	0,07	21 802	0,6	24 311	0,7
2 674	2,2	1 504	1,2	1 984	1,5	2 619	2,0	2 869	2,2
1 164	2,3	1 009	2,0	1 032	2,1	1 193	2,4	1 323	2,6
2 927	0,9	2 975	1,0	3 074	1,0	2 587	0,7	2 303	0,7
4 183	0,08	3 776	0,07	4 059	0,07	6 649	0,1	4 916	0,1
2 567	0,3	1 973	0,2	1 810	0,2	1 847	0,2	6 076	0,5
7 867	1,1	2 016	0,3	783	0,1	1 443	0,8	1 524	0,3
687	0,7	523	0,5	354	0,3	1 921	1,8	1 448	1,4
1 095	1,0	813	1,7	583	1,5	714	1,7	647	1,6
4 466	0,7	3 041	0,5	4 491	0,7	2 145	0,3	2 743	0,5
2 409	0,6	1 324	0,3	1 052	0,2	1 320	0,3	1 886	0,5
6 087	0,2	8 324	0,2	8 193	0,2	14 663	0,3	17 749	0,4
5 405	1,4	—	—	—	—	—	—	—	—
193	0,02	245	0,05	190	0,03	135	0,02	114	0,01
8 138	0,8	934	0,1	1 768	1,2	7 087	0,6	6 990	0,7

Die Zahlen für 1897 und 1898 sind entnommen der Statistik des Deutschen Reichs, N. F. Bd. 97 und N. F. Bd. 122.

Tabelle V. **Wichtigste Warengruppen der Einfuhr nach**

(Geordnet nach den Werten in

Warengruppen	1898	1897	1896	1895	1894
1. Getreide und andere Erzeugnisse des Landbaues	341,2	311,6	304,6	260,7	187,5
2. Holz- u. andere Schnitzstoffe, sowie Waren daraus	125,0	107,1	79,9	66,9	54,2
3. Tiere und tierische Produkte (Federvieh, Krebse, Därme, Eier) .	59,5	52,2	49,1	48,3	38,1
4. Flachs, Hanf, Heede u. andere vegetabilische Spinnstoffe	41,5	43,6	51,2	57,1	54,9
5. Häute und Felle . . .	31,3	28,3	26,7	31,3	20,6
6. Vieh	23,3	20,1	18,1	20,3	16,4
7. Material-, Spezerei- und Konditorwaren	18,9	21,4	11,9	12,1	8,9
8. Abfälle (Kleie, Lumpen u. s. w.)	17,5	21,3	22,3	14,0	13,6
9. Haare von Pferden und Menschen, Federn und Borsten	16,4	47,4	17,8	17,3	13,5
10. Öl, anderweit nicht genannt, und Fette . . .	15,1	13,3	8,7	7,0	7,9
11. Petroleum[1]	12,1	9,2	10,0	10,5	6,1
12. Kautschuk und Guttapercha, sowie Waren daraus	8,2	6,8	6,3	4,8	3,0
13. Droguerie-, Apotheker- und Farbewaren . . .	6,8	7,5	6,6	6,0	5,6
14. Wolle und Wollenwaren	3,1	3,4	3,6	2,8	2,3

---

[1] In die Warengruppe „Petroleum" sind einbezogen: Braunkohlenteeröle; Rohpetroleum; Petroleum, im Ausland raffiniert; Petroleumdestillate, im Ausland hergestellt; mineralische Schmieröle; Mineralöl; Steinkohlenteeröl u. s. w.

Deutschland aus Rufsland und Finland im Spezialhandel.
Millionen Mark im Jahre 1898.)

1893	1892	1891	1890	1889	1888	1887	1886	1885
64,1	109,3	296,6	236,6	239,0	112,9	108,9	76,4	130,1
79,2	76,1	61,8	72,6	69,3	52,2	47,4	33,0	47,3
30,1	40,0	30,4	28,8	20,3	18,1	18,4	11,9	10,0
54,7	49,0	59,6	61,8	68,8	64,3	60,6	45,1	59,0
24,9	24,0	29,3	23,9	26,1	23,6	23,6	29,8	21,3
17,1	19,4	21,5	12,4	14,6	30,4	23,6	19,3	32,0
9,1	7,9	12,2	19,5	12,5	7,3	6,6	5,9	4,4
13,7	4,9	11,4	13,2	15,7	13,4	7,0	5,9	5,5
15,7	13,6	17,9	16,0	15,6	13,5	11,2	10,5	10,0
10,0	10,0	7,9	6,2	6,1	4,9	3,4	3,4	3,7
10,7	8,8	8,7	8,6	9,8	8,4	3,9	2,6	2,9
3,4	2,1	2,2	2,3	1,0	0,9	0,7	0,5	0,3
7,0	6,1	5,3	6,3	6,3	4,3	5,6	4,9	4,9
3,2	3,9	7,5	6,6	8,2	5,7	8,1	10,5	6,0

Tabelle VI[1]. **Wichtigste Artikel der Einfuhr aus**

(Geordnet nach den Werten in

Warengattung	1898		1897		1896	
	Doppel-zentner	Mill. Mk.	Doppel-zentner	Mill. Mk.	Doppel-zentner	Mill. Mk.
Weizen	7 755 061	120,2	7 519 069	108,3	8 524 648	98,0
Roggen	6 112 965	67,9	6 107 410	55,6	7 879 708	63,0
Gerste	6 860 653	65,2	4 879 741	40,0	5 003 440	41,5
Bau- und Nutzholz, roh	11 989 609	54,0	10 639 195	45,7	8 660 419	32,9
Bau- und Nutzholz, beschlagen	4 235 059	44,5	3 550 351	35,5	3 252 356	29,3
Eier von Geflügel; Eigelb	471 724	35,9	470 886	30,1	410 079	35,3
Hafer	2 056 761	24,7	4 142 383	41,4	4 246 345	38,2
Flachs, aufser neuseeländischem	458 203	22,5	445 121	24,3	488 861	27,9
Bau- und Nutzholz, gesägt	2 834 769	21,3	3 116 438	21,8	2 281 506	14,1
Leinsaat	1 061 727	19,4	1 727 090	27,6	1 690 099	26,2
	Stück		Stück		Stück	
Pferde	35 296	17,6	36 900	14,8	31 862	12,7
	Doppel-zentner		Doppel-zentner		Doppel-zentner	
Gänse, lebende[2]	161 484	13,7	143 570	12,2		
Haushühner, lebende	18 374	1,8	14 252	1,4	} 151 664	8,8
Sonstiges Federvieh, lebendes	13 351	1,9	12 252	1,7		
Kleie, Malzkeime, Reisabfälle	2 052 213	16,0	2 727 622	19,9	2 889 380	21,4
Ölkuchen	1 359 288	15,0	1 318 493	13,2	1 055 499	8,4
Hanf, aufser Manillahanf	303 680	13,4	307 977	13,6	329 052	17,1
Häute und Felle von Pelztieren, Vogelbälge	8 936	12,5	7 609	10,7	8 077	12,4
Mais und Dari	1 456 824	12,0	718 281	5,2	547 619	3,9
Kalbfelle, gekalkte und trockene	47 627	11,0	40 909	9,4	33 203	7,3
Borsten und Borstensurrogate[3]	19 153	9,6	20 559	41,1	20 430	12,3
Erbsen	661 040	8,9	855 156	12,0	} 748 078	8,2
Wicken	64 410	0,8	69 867	0,8		
Schmieröle, mineralische[4]	523 074	8,1	444 218	6,9	410 280	7,0
Kleesaat, Esparsette u. s. w. -Saat	91 875	7,4	64 048	4,5	83 511	6,7
	Stück		Stück		Stück	
Schweine, aufser Spanferkeln	71 035	5,7	71 332	5,3	89 775	5,4
	Doppel-zentner		Doppel-zentner		Doppel-zentner	
Heede (Werg)	152 573	5,6	151 777	5,8	164 894	6,3
Blasen, Därme, Magen	29 454	4,7	24 410	5,3	18 089	3,6
Kaviar und Kaviarsurrogate	2 178	4,4	2 210	4,4	1 800	3,3
Feine Waren aus weichem Kautschuk	4 516	4,3	4 741	3,9	4 840	3,9
Milchbutter (Butterschmalz), Margarine	29 478	4,0	32 409	4,7	21 121	3,1
Kautschuk und Guttapercha	7 196	3,9	6 409	2,9	5 657	2,4
Petroleum, roh, im Ausland raffiniert, Petroleumdestillate	602 034	3,9	434 009	2,2	431 215	3,0
Häute und Felle zur Pelzbereitung; nicht von Pelztieren	6 988	3,8	5 925	3,3	5 106	3,1
Gold- und Platinaerze	24	3,6	24	3,1	19	2,6
Raps und Rübsaat	165 657	3,3	231 381	5,1	427 699	7,9
Bettfedern, rohe	13 720	3,3	11 995	2,9	11 781	3,1
Pferdehaare	11 235	3,2	10 117	2,6	7 932	1,8
Manganerze	731 943	3,1	466 712	2,0	352 731	1,7
Spiritus in Fässern[5]	118 594	2,7	244 137	4,8	—	
Linsen	83 427	2,1	117 819	2,6	101 600	1,8
Schafwolle, roh	15 317	1,8	15 385	1,9	16 599	2,2
Schaf- und Ziegenfelle	17 506	1,5	18 469	2,8	21 159	3,2
Alkaloide und deren Salze	182	1,5	303	2,3	196	2,0

---

[1] Über die Herkunft der Zahlen der Tabelle VI siehe Note 1 zu Tabelle IV.
[2] Bis 1896 inkl. findet sich hier die Position: „Federvieh, Federwild, lebendes", während 1897 und 1898 nach der angegebenen Dreiteilung unterschieden wird.
[3] Die ungewöhnlich starke Zunahme des Einfuhrwerts für Borsten und Borstensurrogate (1896 = 12,3; 1897 = 41 Mill. Mk.) beruht hauptsächlich auf der Erhöhung der Wertschätzung von 600 auf 2000 Mk. für den Doppelzentner im Jahre 1897.

Rufsland im Spezialhandel des deutschen Zollgebiets.

Millionen Mark im Jahre 1898.)

1895		1894		1893		1892	
Doppel-zentner	Mill. Mk.	Doppel-zentner	Mill. Mk.	Doppel-zentner	Mill. Mk.	Doppel-zentner	Mill. Mk.
6 782 029	70,2	2 805 943	27,2	216 362	2,6	2 572 991	39,4
8 419 736	69,0	5 334 491	44,3	959 196	9,8	1 233 774	18,7
6 194 496	47,7	5 303 917	38,2	2 492 748	21,2	1 769 918	17,3
8 220 234	28,8	7 710 476	25,4	9 427 601	33,0	10 381 149	32,7
2 645 195	22,5	1 755 982	14,5	4 060 543	33,5	3 525 045	29,1
390 390	34,7	294 354	25,3	227 123	19,5	254 835	28,8
2 254 341	19,2	2 921 904	26,0	83 608	0,9	79 638	0,9
589 950	33,6	498 971	34,9	549 844	35,7	520 862	27,6
2 102 710	12,1	2 126 499	11,7	1 747 512	9,6	2 185 377	11,5
1 231 288	20,2	707 737	12,9	540 173	10,3	635 812	12,1
Stück		Stück		Stück		Stück	
32 596	14,0	22 936	11,0	16 583	9,1	27 762	13,9
Doppel-zentner		Doppel-zentner		Doppel-zentner		Doppel-zentner	
159 266	9,2	140 079	8,4	116 072	7,0	126 505	7,6
2 397 686	13,2	2 610 402	13,1	1 609 772	12,6	487 375	4,1
954 709	6,7	1 102 614	7,7	982 115	9,8	866 347	9,8
363 260	18,9	307 688	16,0	298 444	15,8	382 314	17,6
8 367	12,8	5 835	8,9	5 543	8,6	5 930	9,2
335 916	3,0	1 091 004	8,4	93 704	0,8	269 384	2,6
41 085	9,8	29 681	5,9	38 468	7,3	32 603	6,5
20 088	12,1	16 057	9,6	15 317	9,2	15 930	8,0
716 354	7,9	728 881	8,7	229 677	2,8	357 738	4,8
357 811	6,8	278 339	4,7	349 481	8,7	292 332	5,0
64 068	5,8	39 193	4,5	45 326	4,5	54 884	6,0
Stück		Stück		Stück		Stück	
104 705	6,3	72 581	5,4	99 128	7,9	68 887	5,5
Doppel-zentner		Doppel-zentner		Doppel-zentner		Doppel-zentner	
125 626	4,6	102 099	4,0	86 628	3,2	119 440	3,8
17 790	3,1	15 859	3,1	18 846	2,8	20 346	2,1
1 897	3,1	2 009	2,0	1 537	1,3	1 688	1,5
3 260	2,4	1 914	1,3	2 869	2,0	2 089	1,6
19 084	2,6	18 742	2,4	20 361	3,3	17 836	2,5
6 004	2,4	3 952	1,6	3 154	1,4	875	0,5
550 783	4,2	232 091	1,3	323 842	2,0	464 559	3,8
5 920	4,1	4 712	3,3	6 010	4,2	3 486	2,6
—	—	—	—	—	—	—	—
445 553	6,7	245 533	4,2	116 291	2,1	102 240	2,1
9 420	2,5	8 449	2,1	9 626	2,5	10 689	2,8
10 894	2,1	8 454	1,4	13 422	2,9	10 834	1,8
77 630	0,4	56 720	0,3	60 800	0,5	52 758	0,4
—	—	—	—	—	—	—	—
71 851	1,3	44 245	0,8	27 781	0,6	9 802	0,2
11 090	1,4	9 112	1,2	10 088	1,4	14 993	2,1
17 718	2,7	14 598	2,0	22 464	3,4	24 419	3,9
140	1,9	68	0,9	119	1,6	42	0,08

4 Die früher getrennt aufgeführten Positionen: „Schmieröle, mineralische: 1) im Ausland gewonnene, 2) im Inland gewonnene“ sind seit 1896 zusammengenommen.

5 Diese Position wird 1897 zum erstenmal für den Spezialhandel aufgeführt, während sie früher nur für den Gesamteigenhandel in Betracht kam.

Tabelle VI[1]. **Wichtigste Artikel der Einfuhr aus**

(Geordnet nach den Werten in

(Fort-

Warengattung	1891		1890		1889	
	Doppel-zentner	Mill. Mk.	Doppel-zentner	Mill. Mk.	Doppel-zentner	Mill. Mk.
Weizen	5 152 120	91,2	3 708 225	56,7	3 012 467	42,8
Roggen	6 189 846	99,0	7 504 610	82,5	9 201 890	98,5
Gerste	2 941 137	37,5	3 652 834	41,3	3 114 025	36,7
Bau- und Nutzholz, roh	7 949 661	23,8	11 656 685	34,4	11 736 576	34,6
Bau- und Nutzholz, beschlagen . .	3 275 057	27,0	3 446 003	27,6	2 604 171	22,1
Eier von Geflügel; Eigelb	212 684	20,8	182 269	19,1	153 478	13,1
Hafer	1 036 575	11,7	1 746 623	20,2	2 381 763	28,1
Flachs, aufser neuseeländischem . .	529 121	31,7	554 589	34,4	539 047	35,0
Bau- und Nutzholz, gesägt	1 617 980	8,3	1 591 303	8,0	1 658 877	9,1
Leinsaat	728 177	14,2	572 115	10,6	532 883	9,1
	Stück		Stück		Stück	
Pferde	31 759	15,9	23 960	12,0	20 049	11,0
	Doppel-zentner		Doppel-zentner		Doppel-zentner	
Gänse, lebende [2]						
Haushühner, lebende . . . . . . }	107 865	6,5	106 847	6,9	92 460	5,6
Sonstiges Federvieh, lebendes . .						
Kleie, Malzkeime, Reisabfälle . . .	1 144 929	10,3	1 420 229	12,1	1 803 827	14,4
Ölkuchen	569 281	6,4	538 296	5,4	533 563	5,3
Hanf, aufser Manillahanf	430 524	23,7	391 873	22,7	466 650	28,0
Häute und Felle von Pelztieren, Vogelbälge	7 309	11,3	5 267	8,2	7 233	13,0
Mais und Dari	995 393	12,2	694 814	6,4	666 214	5,8
Kalbfelle, gekalkte und trockene . .	36 173	6,9	34 690	6,6	31 888	5,4
Borsten- und Borstensurrogate [3] . .	20 784	10,4	20 061	10,5	20 639	10,3
Erbsen . . . . }	440 525	6,6	275 251	3,8	332 932	4,3
Wicken . . . . }						
Schmieröle, mineralische [4]	256 669	4,4	209 225	3,7	148 838	2,5
Kleesaat, Esparsette u. s. w. -Saat .	40 322	3,5	11 306	1,0	15 069	1,3
	Stück		Stück		Stück	
Schweine, aufser Spanferkeln . . .	80 422	5,6	4 019	0,4	44 557	3,6
	Doppel-zentner		Doppel-zentner		Doppel-zentner	
Heede (Werg)	116 189	4,2	116 409	4,7	124 353	5,7
Blasen, Därme, Magen	17 839	1,7	15 169	1,5	11 575	0,7
Kaviar und Kaviarsurrogate	1 693	1,7	1 767	2,5	1 646	2,0
Feine Waren aus weichem Kautschuk	1 578	1,3	1 494	1,3	494	0,4
Milchbutter (Butterschmalz), Margarine	29 341	3,8	24 572	3,5	27 860	4,3
Kautschuk und Guttapercha . . .	1 508	0,9	1 331	1,1	966	0,7
Petroleum, roh, im Ausland raffiniert, Petroleumdestillate	443 256	4,3	435 201	4,9	560 301	7,3
Häute und Felle zur Pelzbereitung; nicht von Pelztieren	5 449	4,0	6 114	4,6	4 098	3,1
Gold- und Platinaerze	—	—	—	—	—	—
Raps und Rübsaat	380 552	8,6	284 341	6,0	145 426	3,9
Bettfedern, rohe	10 656	2,8	10 104	2,6	9 258	2,4
Pferdehaare	9 584	2,3	5 049	1,0	9 045	1,7
Manganerze	47 460	0,4	34 780	0,3	20 036	0,2
Spiritus in Fässern [5]	—	—	—	—	—	—
Linsen	8 011	0,1	8 215	0,1	13 018	0,2
Schafwolle, roh	23 340	4,0	19 891	3,8	28 963	5,8
Schaf- und Ziegenfelle	28 467	4,7	16 488	2,9	20 467	3,3
Alkaloide und deren Salze	19	0,02	204	0,1	18	0,2

[1] Über die Herkunft der Zahlen der Tabelle VI siehe Note 1 zu Tabelle IV.
[2] Bis 1896 inkl. findet sich hier die Position: „Federvieh, Federwild, lebendes", während 1897 und 1898 nach der angegebenen Dreiteilung unterschieden wird.
[3] Die ungewöhnlich starke Zunahme des Einfuhrwerts für Borsten und Borstensurrogate (1896 = 12,3; 1897 = 41 Mill. Mk.) beruht hauptsächlich auf der Erhöhung der Wertschätzung von 600 auf 2000 Mk. für den Doppelzentner im Jahre 1897.

Rußland im Spezialhandel des deutschen Zollgebiets.

Millionen Mark im Jahre 1898.)

setzung.)

1888		1887		1886		1885	
Doppel-zentner	Mill. Mk.	Doppel-zentner	Mill. Mk.	Doppel-zentner	Mill. Mk.	Doppel-zentner	Mill. Mk.
1 539 964	22,2	2 558 924	36,3	1 418 188	20,7	3 232 215	43,6
4 704 300	42,3	4 168 827	35,4	3 294 247	32,0	4 212 116	46,3
1 181 941	13,3	759 326	8,7	446 216	5,8	828 611	10,6
9 504 703	26,1	7 128 019	17,8	6 037 723	15,1	—	—
2 207 224	17,7	2 944 242	22,1	1 687 943	12,7	—	—
127 948	10,9	115 069	11,1	70 590	6,4	54 824	4,9
1 357 574	11,9	1 211 447	9,8	402 586	3,9	1 222 463	13,6
576 662	37,5	460 678	32,2	359 656	28,1	506 264	35,4
1 086 361	5,4	986 057	4,5	486 522	2,2	—	—
335 829	6,3	322 051	6,0	282 856	5,3	213 657	4,1
Stück		Stück		Stück		Stück	
24 645	21,2	14 944	14,6	14 808	14,1	17 854	15,9
Doppel-zentner		Doppel-zentner		Doppel-zentner		Doppel-zentner	
68 725	5,5	75 618	6,0	55 756	4,3	44 178	3,7
1 670 416	12,0	847 452	5,6	629 355	4,7	487 325	3,8
359 171	4,5	245 464	2,5	230 832	2,7	239 922	2,9
365 264	21,9	398 297	23,1	230 255	14,3	327 838	19,7
7 968	12,7	6 901	11,4	10 072	17,1	5 556	9,6
158 286	1,7	179 810	1,7	74 973	0,7	85 298	0,9
30 991	5,6	25 189	6,2	28 860	7,8	23 662	6,6
15 787	7,9	13 339	6,0	11 907	5,4	11 812	5,3
153 318	1,8	111 166	1,2	85 151	1,0	180 093	2,0
73 949	1,4	75 677	1,3	48 060	0,8	64 066	1,2
15 981	1,5	18 019	1,4	11 343	1,0	27 288	2,3
Stück		Stück		Stück		Stück	
75 422	9,2	78 399	8,9	54 659	5,2	172 893	16,6
Doppel-zentner		Doppel-zentner		Doppel-zentner		Doppel-zentner	
107 389	4,9	110 305	5,3	60 190	2,8	91 532	3,8
11 398	0,7	10 383	0,6	9 010	0,5	7 531	0,4
1 528	1,8	1 579	1,5	2 080	1,8	1 565	1,3
466	0,4	266	0,2	180	0,1	200	0,2
18 224	2,2	15 030	1,9	3 809	1,7	7 968	1,0
715	0,5	563	0,4	388	0,3	142	0,1
464 640	7,0	215 573	2,6	134 156	1,7	116 588	1,7
2 968	2,2	2 813	2,2	2 139	1,7	1 593	1,3
—		—		—		—	
123 604	2,6	102 993	1,8	69 013	1,2	121 026	2,3
6 688	1,9	6 819	1,8	6 635	2,3	5 820	2,3
6 166	1,5	7 527	1,9	6 015	1,5	4 529	1,2
6 729	0,05	14 626	0,1	7 107	0,06	1 410	0,01
—		—		—		—	
13 217	0,3	4 441	0,1	1 230	0,03	702	0,02
21 204	4,0	29 225	5,7	45 215	9,0	26 832	4,6
13 272	1,9	14 838	2,2	12 714	2,0	14 663	2,3
1	0,01	4	0,03	29	0,2	1	0,01

⁴ Die früher getrennt aufgeführten Positionen: „Schmieröle, mineralische: 1) im Ausland gewonnene, 2) im Inland gewonnene" sind seit 1896 zusammengenommen.

⁵ Diese Position wird 1897 zum erstenmal für den Spezialhandel aufgeführt, während sie früher nur für den Gesamteigenhandel in Betracht kam.

Tabelle VII¹. Anteil der vier hauptsächlichsten Herkunfts- und Bestimmungsländer an der Ein- und Ausfuhr im reinen Warenverkehr (nach Ausscheidung des Edelmetallverkehrs im Spezialhandel) des deutschen Zollgebiets.

Einfuhr

Herkunftsländer (nach den Anteilen im Jahre 1897 geordnet)	1897	1896	1895	1894	1893	1892	1891	1890
	% des Gesamtwertes der Einfuhr							
Rußland mit Finland	15,09	14,6	13,8	11,2	8,9	9,4	13,9	12,6
Vereinigte Staaten von Amerika	13,9	12,2	11,7	11,5	10,7	13,3	9,7	9,6
Österreich-Ungarn	12,5	12,7	12,4	14,6	14,4	14,0	13,7	14,0
Großbritannien	12,1	12,8	13,1	13,0	14,8	13,6	13,6	14,5
	Millionen Mark							
Rußland mit Finland	706,6	628,2	567,9	439,3	352,4	381,7	578,7	522,8
Vereinigte Staaten von Amerika	652,7	528,3	482,8	449,8	426,6	534,8	402,9	397,3
Österreich-Ungarn	582,7	546,9	513,0	572,4	571,1	563,0	568,6	583,4
Großbritannien	567,6	551,3	536,4	512,2	564,8	547,6	565,2	601,3

Ausfuhr

Bestimmungsländer (nach den Anteilen im Jahre 1897 geordnet)	1897	1896	1895	1894	1893	1892	1891	1890
	% des Gesamtwertes der Ausfuhr							
Großbritannien	19,2	20,2	20,4	21,4	21,6	21,3	21,4	20,8
Österreich-Ungarn	11,1	11,3	11,2	11,9	10,9	10,9	10,4	9,9
Vereinigte Staaten von Amerika	10,5	10,9	11,1	9,1	11,3	11,7	11,5	12,5
Rußland mit Finland	7,4	6,5	6,2	5,7	4,3	4,4	4,5	5,5
	Millionen Mark							
Großbritannien	699,2	712,8	675,5	631,7	669,7	628,9	679,3	689,5
Österreich-Ungarn	405,5	399,7	373,0	352,8	339,0	320,3.	330,9	332,4
Vereinigte Staaten von Amerika	397,4	383,2	368,4	270,3	354,2	346,4	357,7	416,7
Rußland mit Finland	267,7	231,6	207,8	170,6	135,5	129,8	145,3	183,7

¹ Siehe Tabelle VIII¹.

Tabelle VIII¹. Anteil der vier hauptsächlichsten Herkunfts- und Bestimmungsländer an der Ein- und Ausfuhr im Spezialhandel des deutschen Zollgebiets.

Herkunftsländer (nach den Anteilen im Jahre 1897 geordnet)	Einfuhr															
	Millionen Mark								% des Gesamtwertes der Einfuhr							
	1897	1896	1895	1894	1893	1892	1891	1890	1897	1896	1895	1894	1893	1892	1891	1890
Rußland mit Finland	708,3	634,7	568,8	543,9	353,4	383,4	580,4	541,9	14,6	13,9	13,4	12,7	8,5	9,1	13,2	12,7
Großbritannien.	661,5	647,4	578,4	608,6	656,4	620,0	676,8	640,5	13,6	14,2	13,6	14,2	15,9	18,7	15,4	15,0
Vereinigte Staaten von Amerika	657,0	584,4	511,7	532,9	458,1	611,9	456,5	405,6	13,5	12,8	12,1	12,4	11,1	14,5	10,4	9,5
Österreich-Ungarn	500,3	578,0	525,4	581,7	580,2	575,4	598,9	590,5	12,3	12,7	12,4	13,6	14,0	13,6	13,1	11,0

Bestimmungsländer (nach den Anteilen im Jahre 1897 geordnet)	Ausfuhr															
	Millionen Mark								% des Gesamtwertes der Ausfuhr							
	1897	1896	1895	1894	1893	1892	1891	1890	1897	1896	1895	1894	1893	1892	1891	1890
Großbritannien	701,7	715,1	678,1	634,3	673,3	639,9	696,1	705,3	18,5	19,0	19,8	21,8	20,7	20,3	20,8	20,7
Österreich-Ungarn	435,1	477,3	435,8	401,7	420,5	376,6	347,8	351,0	11,5	12,7	12,7	13,2	13,0	12,0	10,4	10,3
Vereinigte Staaten von Amerika	397,4	383,7	368,7	271,1	354,3	346,6	357,8	416,7	10,5	10,2	10,8	8,9	10,9	11,0	10,7	12,2
Rußland mit Finland . . .	372,1	364,1	220,9	194,8	184,6	239,5	262,6	206,5	9,8	9,7	6,4	6,4	5,7	7,6	7,9	6,1

¹ Für das Jahr 1898 haben sich in den Zahlen der Tabellen VII und VIII bedeutende Änderungen ergeben. Abweichend von Tabelle VII steht jetzt Rußland nicht mehr in der Einfuhr im reinen Warenverkehr des deutschen Zollgebiets an erster Stelle, sondern es sind die Vereinigten Staaten von Amerika mit 17,2% an die erste Stelle getreten, während Rußland und Finland mit 14,5% an zweiter Stelle folgen. Den dritten Platz behauptet Österreich-Ungarn mit 12,3%, während Großbritannien mit 11,1% am vierten Platze bleibt. — In der Ausfuhr im reinen Warenverkehr hat sich keine Änderung ergeben. Es bleibt die Reihenfolge im Jahre 1898: 1) Großbritannien 19,0%; 2) Österreich-Ungarn 11,4%; 3) Vereinigte Staaten von Amerika 8,8%; 4) Rußland und Finland 8,09%.

Nehmen wir aber nun den Spezialhandel überhaupt (also mit Einschluß des Edelmetallverkehrs), so macht sich im Jahre 1898 hauptsächlich die bedeutende Edelmetalleinfuhr aus Großbritannien wieder stark geltend, und außerdem hat die Einfuhr aus den Vereinigten Staaten von Amerika einen sehr bemerkenswerten Aufschwung genommen. Die prozentualen Anteile der vier hauptsächlichsten Staaten an der Einfuhr im Spezialhandel des deutschen Zollgebiets sind daher folgende: 1) Vereinigte Staaten von Amerika 16,1%; 2) Großbritannien 15,2%; 3) Rußland und Finland 13,5%; 4) Österreich-Ungarn 12,2%. — In der Ausfuhr aus Deutschland sind hier dagegen Großbritannien mit 20,0% und Österreich-Ungarn mit 11,3% an erster und zweiter Stelle geblieben, während Rußland und Finland mit 11,0% an die dritte Stelle getreten ist und die Vereinigten Staaten von Amerika mit 8,3% auf den vierten Platz verwiesen hat.

Tabelle IX. Wichtigste Artikel der Ausfuhr nach Rufsland und Finland (getrennt) im Spezialhandel des deutschen
Zollgebiets.

(Geordnet nach den Ausfuhrwerten in Millionen Mark nach Rufsland.)

Warengattung	1898		1897			
	Rufsland	Finland	Rufsland		Finland	
	Doppel-zentner	Doppel-zentner	Doppel-zentner	Mill. Mk.	Doppel-zentner	Mill. Mk.
Maschinen, überwiegend aus Gufseisen	342 023	32 435	282 141	18,6	25 389	1,7
Grobe Eisenwaren, abgeschliffen und nicht abgeschliffen . . .	262 114	19 155	192 155	13,8	13 119	0,9
Schmiedbares Eisen in Stäben .	1 064 801	14 235	953 605	11,4	10 588	0,1
Platten und Bleche aus schmied-barem Eisen	497 208	12 304	588 634	7,9	12 270	0,2
Häute und Felle von Pelztieren; Vogelbälge	3 575	—	4 197	6,7	28	0,04
Gekämmte Wolle	11 524	—	17 780	6,0	—	—
Baumwolle, rohe	84 070	—	76 206	5,9	72	1,06
Bücher, Karten, Musikalien . .	12 280	590	10 608	5,7	420	0,2
Lokomotiven, Lokomobilen . .	28 089	—	62 856	5,3	176	0,02
Waren aus edlen Metallen . .	60,08	—	55,20	5,0	2,14	0,1
Schafwolle, roh.	27 449	—	20 483	4,6	249	0,1
Eck- und Winkeleisen	439 885	38 429	274 263	4,1	14 966	0,2
Rindshäute, grün und gesalzen	65 069	6 675	53 856	4,0	5 257	0,4
Steinkohlen.	4 633 343	—	3 339 732	3,5	36 568	0,1
Kammgarn	12 973	481	6 680	3,2	1 156	0,6
Instrumente, astronomische . .	457	17	704	3,0	36	0,2
Maschinen aus schmiedbarem Eisen	73 284	3 746	38 101	2,9	1 659	0,1
Koks.	2 072 295	—	1 599 376	2,8	—	—
Cellulose, Stroh- und andere Faserstoffe	104 573	—	110 302	2,8	295	0,007
Zink, rohes	87 031	—	77 052	2,7	200	0,007
Anilin und andere Farbstoffe .	9 233	860	6 904	2,6	735	0,3
Feine Eisenwaren aus Gufs- oder Schmiedeeisen	17 745	2 561	12 583	2,3	2 003	0,4
Lackiertes, gefärbtes Leder; Handschuhleder; Korduan. .	2 749	—	2 415	2,3	49	0,047
Telegraphenkabel.	15 287	—	19 089	2,3	480	0,1
Feine Waren aus Messing. . .	8 721	1 096	6 967	2,3	707	0,2
Chemische Fabrikate, nicht be-sonders genannt	10 130	618	8 615	2,2	844	0,2
Farbendruckbilder, Kupferstiche	2 353	115	1 784	2,1	73	0,1
Anilinöle, Anilinsalze	24 400	—	16 820	2,1	110	0,01
Tuch- und Zeugwaren, unbe-druckt	2 442	2 702	2 900	1,9	2 831	1,8
Kupfer, rohes.	18 180	—	18 904	1,9	178	0,018
Klaviere u. s. w.	10 006	1 240	7 877	1,8	1 147	0,3
Rindshäute, gekalkte u. trockene	13 168	7 469	12 741	1,7	4 760	0,6
Mehl aus Weizen u. s. w. . . .	38 149	229 680	72 359	0,9	275 640	3,6

Printed by Libri Plureos GmbH
in Hamburg, Germany